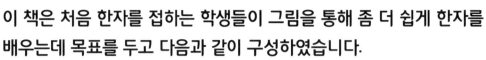

어떻게 사용할까요?

이 책은 처음 한자를 접하는 학생들이 그림을 통해 좀 더 쉽게 한자를 배우는데 목표를 두고 다음과 같이 구성하였습니다.

1단계 매일매일 체크해요!

하루에 두 글자씩, 25일에 완성하는 한자 프로그램으로, 매일매일 체크하며 공부습관을 길러요!

2단계 한자와 친해져요!

이야기 속 한자와 한자어를 잘 살펴보고, 그날에 배울 한자를 획순에 맞추어 천천히 한 획씩 따라 쓰면서 한자와 친해져요.

3단계 그림과 함께 익혀요!

그림으로 한자의 뜻과 소리를 이해하고 큰 소리로 따라 읽으며 한자의 모양을 익힙니다. 한자가 쓰인 한자어를 읽으면 한자를 더 폭넓게 활용할 수 있어요. 그리고 한자를 천천히 소리내 읽으며 필순에 맞추어 따라 쓰다 보면 한자 슈퍼파워가 생겨요.

※ 한자 원리는 한자의 이해를 돕기 위해 작성된 한자 풀이로, 이는 사람마다 견해가 다를 수 있습니다.

4단계 꼼꼼하게 확인해요!

한 주 동안 배운 한자의 뜻과 소리,
한자어 활용에 대한 다양한 문제를 풀며
한자능력검정시험을 준비할 수 있어요.
이렇게 문제를 풀다 보면 자연스럽게
어휘력도 쑥쑥 자라나요!

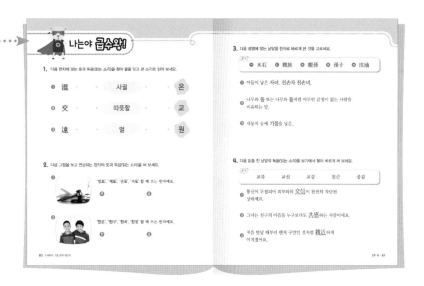

5단계 놀면서 배워요!

미로찾기, 선 잇기, 스도쿠, 색칠하기 등
다양한 한자 놀이를 하다 보면 그동안
배운 한자를 오래 기억할 수 있어요!

6단계 미리 준비해요!

실제 시험을 대비해서 6급 한자능력검정시험을
풀어 보아요. 그동안 모아둔 슈퍼파워를 사용하면
문제없이 시험에 합격할 거예요!

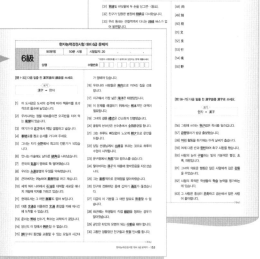

일러두기

본 교재는 사단법인 한국어문회 급수를 기준으로, 6급에 해당하는 한자로 구성되어 있습니다.
(6급 급수 한자 75자 중 이전 단계에서 배운 25자를 제외한 나머지 50자가 수록되어 있습니다.)

지도 노하우 Q&A

한자를 배우면 무엇이 좋을까요?

한자는 우리말 낱말의 기초를 이루고 있어요. 우리말 중에서 한자로 구성된 낱말이 전체의 70% 이상을 차지할 정도로 많아요. 특히 학습에 필요한 낱말 중 90% 이상이 한자어이기 때문에 한자를 잘 알면 단순히 국어 실력만 높아지는 것을 넘어서, 수학이나 과학, 사회와 같은 다른 과목들의 학습 능력도 향상되지요.

한자에는 '확장성'이라는 힘이 있기 때문에, 하나의 한자로도 수많은 낱말을 이해할 수 있게 됩니다. 예를 들어 '水(물 수)'라는 한자를 배우고 나면, '수돗물', '수영', '강수량' 등 정말 수없이 많은 단어를 이해할 수 있는 거예요. 그러니 처음부터 너무 겁먹지 말고 꾸준히 한자 공부를 이어나가도록 해요!

어떻게 하면 효과적으로 공부할 수 있을까요?

한자는 맨 처음 그림에서 출발한 문자입니다. 특히 우리가 처음 배우는 기초한자의 경우에는 그림문자에서 나온 '상형문자'가 많아요. 그러므로 그림을 토대로 한자를 이해하면 한자의 뜻도 자연스럽게 알 수 있게 되는 거예요. 또 한자를 따라 쓰는 것은 아주 효과적인 방법입니다. 쓰기는 뇌 활성화에 큰 도움을 주기 때문에 그냥 외우는 것보다 더 오래, 강하게 기억할 수 있거든요. 이때 한자의 뜻과 독음(읽는 소리)을 큰 소리로 읽으면서 쓴다면 효과가 더 좋지요!

그리고 급수 시험에 도전해 보는 것도 좋아요. 자신의 한자 실력이 어느 정도인지 평가하면서, 성취감도 맛볼 수 있기 때문이에요.

슈퍼파워		한자능력검정시험 안내
1단계	8급 50자	한자 학습 동기부여를 위한 **기초 단계**
2단계	7급Ⅱ 50자	기초 사용한자 활용의 **초급 단계**
3단계	7급 50자	기초 사용한자 활용의 **초급 단계**
4단계	6급Ⅱ 75자 중 50자	한자 쓰기를 시작하는 기초 사용한자 활용의 **중급 단계**
5단계	6급Ⅱ 75자 중 25자 + 6급 75자 중 25자	한자 쓰기를 시작하는 기초 사용한자 활용의 **중고급 단계**
6단계	6급 75자 중 50자	한자 쓰기를 연습하는 기초 사용한자 활용의 **고급 단계**

* 상위 급수는 하위 급수 한자를 모두 포함하며, 급수와 급수Ⅱ는 각각 별도의 급수입니다.

✏️ 어떻게 하면 한자를 쉽게 쓸 수 있을까요?

한자는 보기만 해도 어려운데 쓰려고 하면 획이 이리저리 엉켜 있어 당황하기 쉬워요. 획순의 기초를 이해하면 쉽습니다. 획순이란 획을 긋는 순서인데, 이것은 선조들이 아주 오랫동안 한자를 쓰면서 편리하고 빠르게 쓰는 방법을 찾아내 정리한 것이에요. 그러니 억지로 외울 필요가 없이, 쓰다보면 자연스럽게 획순에 맞게 쓰게 됩니다. 아래 다섯 가지 순서를 익혀 보세요!

• 상하 구조의 것은 위에서부터 아래로 씁니다.

• 좌우 대칭형의 것은 가운데를 먼저 쓰고, 좌우의 것은 나중에 씁니다.

• 글자 전체를 관통하는 세로 획은 맨 마지막에 씁니다.

• 좌우 구조의 것은 왼쪽에서부터 오른쪽으로 씁니다.

• 내외 구조의 것은 바깥의 것을 먼저 쓰고 안의 것은 나중에 씁니다.

1주차

番 자와 號 자를 배워요.

버스 번호, 전화번호, 수험번호, 비밀번호, 우편번호, 계좌번호처럼 우리 생활 속 차례나 분별이 필요한 곳이면 어디나 활용되는 번호는 없어서는 안 될 중요한 도구예요. 사진을 보고 '차례'와 '부르다'를 나타내는 한자를 쓰는 순서에 맞게 따라 써 보세요.

차례 번

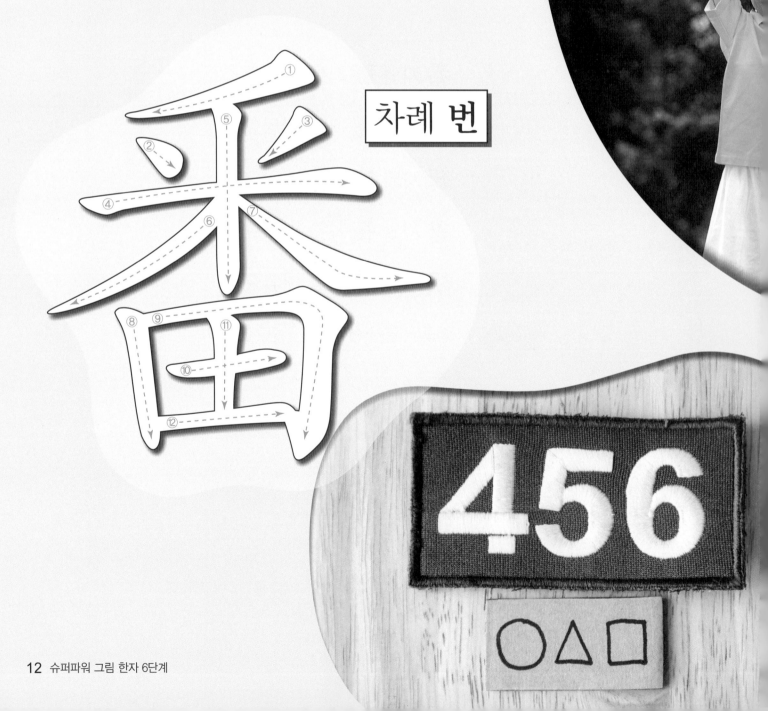

이름/부르짖을 호

차례 번

'**차례**', '**번**'이라는 뜻이고, '**번**'이라고
읽어요.
'**당번**', '**번호**', '**번지**' 할 때 쓰는 한자예요.

논밭에 찍힌 짐승이나 농부의 발자국이 줄지어 차례로
나 있는 모습을 본뜬 것에서 만들어진 글자예요.

番 番 番 番 番 番 番 番 番 番 番 番   부수 田   총획 12획

이름/부르짖을 호

'이름', '부르짖다', '기호'라는 뜻이고,
'호'라고 읽어요.
'칭호', '구호', '부호' 할 때 쓰는 한자예요.

호랑이의 울음소리가 매우 커서, 마치 부르짖는 것과
같다고 하여 만들어진 글자예요.

號 號 號 號 號 號 號 號 號 號 號 號 號 　부수 虍　총획 13획

太 자와 陽 자를 배워요.

우리 가족은 동해로 새해 첫 일출을 보러 가기로 했어요. 떠오르는 태양을 바라보며 새해 소원을 빌면 그 소원이 이루어진다는데, 진짜일까요?

사진을 보고 '크다'와 '해'를 나타내는 한자를 쓰는 순서에 맞게 따라 써 보세요.

太

클 태

볕 양

클 태

'크다', '처음', '아주'라는 뜻이고, '태'라고
읽어요.
'태양', '태초', '태평', '태고' 할 때 쓰는
한자예요.

아주 큰 것을 표현하기 위해 大(큰 대)를 위아래로 썼다가,
아래 大를 생략하는 대신 점을 찍어 간소화한 글자예요.

太 太 大 太

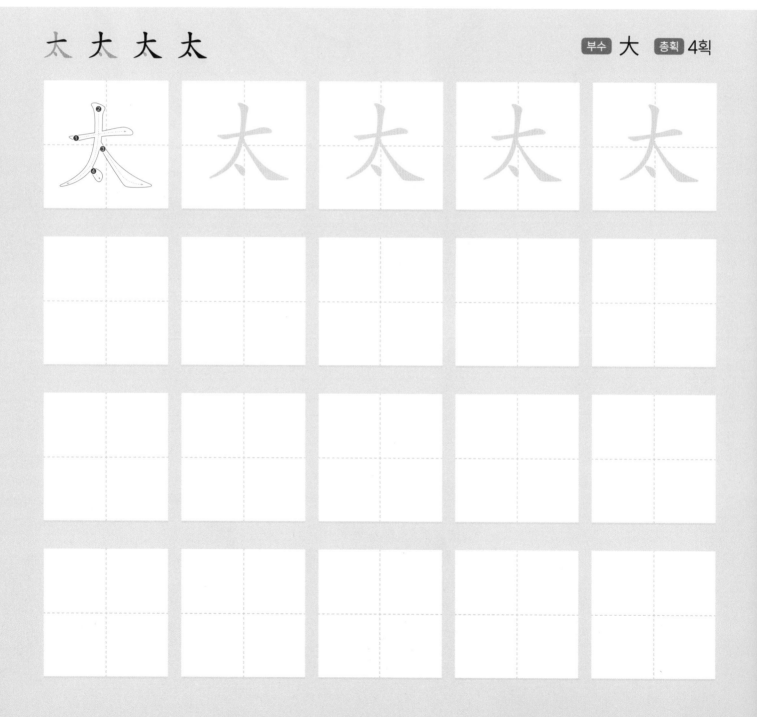

볕 양

‘볕’, ‘해’라는 뜻이고, ‘양’이라고 읽어요.
‘양산’, ‘양지’, ‘석양’ 할 때 쓰는 한자예요.

햇빛(昜)이 잘 드는 언덕(阜)을 표현한 데서 ‘볕’의 뜻을
나타내게 되었어요.

陽 陽 陽 陽 陽 陽 陽 陽 陽 陽 陽 陽 　부수 阝(阜) 　총획 12획

Day 03

綠 자와 樹 자를 배워요.

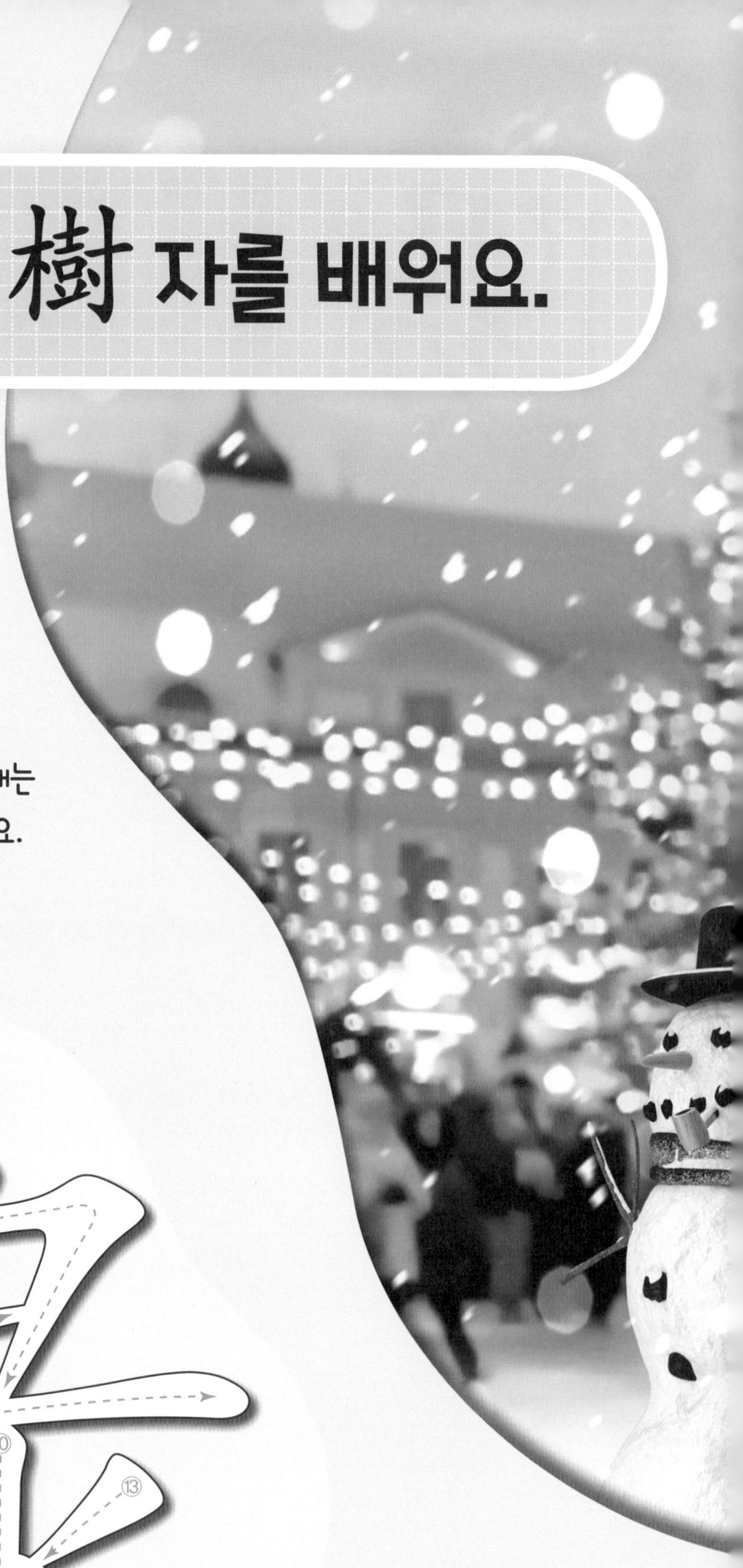

크리스마스트리는 추운 겨울에도 잎이 푸른 구상나무나 전나무 같은 상록수로 만들어요. 상록수는 소나무나 대나무처럼 사계절 내내 잎이 푸른 나무를 말해요.

사진을 보고 '푸르다'와 '나무'를 나타내는 한자를 쓰는 순서에 맞게 따라 써 보세요.

푸를 록

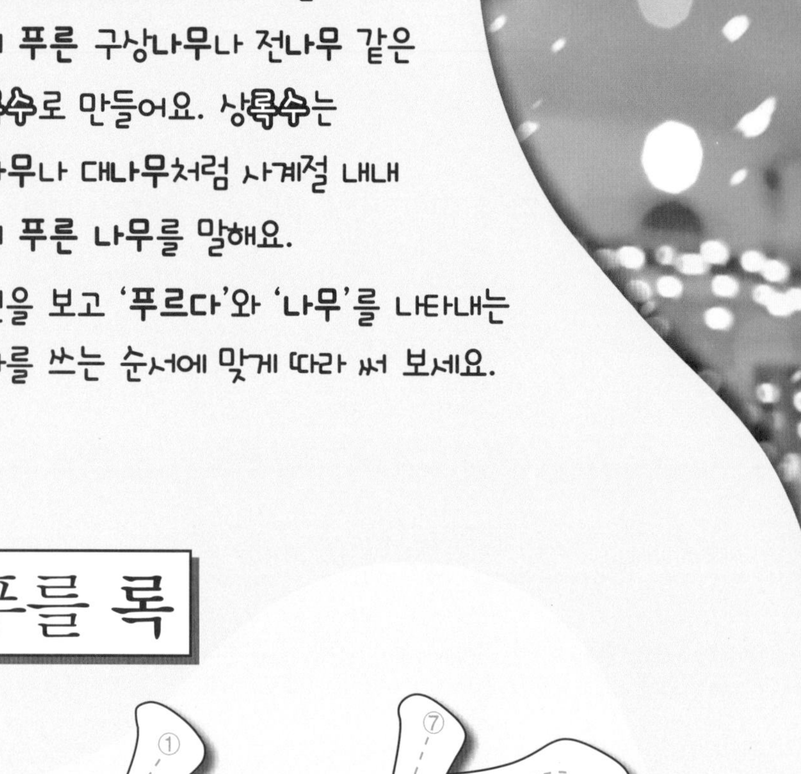

綠

슈퍼파워

초등 공부력 강화 프로젝트

그림한자

동양북스 교육콘텐츠연구회 지음

6 단계

동양북스

매일매일 공부하면 한자 슈퍼파워가 생겨요!
하루에 한 장 열심히 공부하고 미션맵에 익힌 한자를 써 보세요!

하루 미션을 성공하면
익힌 한자를 적는 거야!

1일 番號

2일 太陽

3일 綠樹

4일 晝夜

가뿐하게 통과!

5일 級訓

6일 交感

7일 石油

8일 遠近

9일 親孫

이정도 쯤이야
문제 없어!

10일 溫度

樹

나무 수

綠

푸를 록

낱말 맨 앞에 올 때는
'녹'이라고 말해요.

'푸르다', '풀'이라는 뜻이고, '록'이라고
말해 읽어요.
'녹색', '녹차', '녹지' 할 때 쓰는 한자예요.

풀을 찧어 실(糸)로 짠 천으로 감싸 쥐어짜면(彔) 나오는
풀물의 색이 푸르다 해서 만들어진 글자예요.

綠 綠 綠 綠 綠 綠 綠 綠 綠 綠 綠 綠 綠 綠 부수 糸 총획 14획

나무 수

'나무', '세우다'라는 뜻이고, '수'라고
읽어요.
'녹수', '수목', '수립' 할 때 쓰는 한자예요.

나무(木)를 세워서(尌) 심는 모습에서 만들어진 글자예요.

樹 樹 樹 樹 樹 樹 樹 樹 樹 樹 樹 樹 樹
樹 樹 樹

부수 木 　총획 16획

晝 자와 夜 자를 배워요.

낮 주

우리 아빠는 휴일만 되면 소파와 한 몸이 되어 **주야**장천
TV만 보세요. 밤낮없이 소파에 딱 붙어 떨어질 줄 모르는
'아빠 껌' 떼는 좋은 방법 어디 없을까요?
사진을 보고 '낮'과 '밤'을 나타내는 한자를 쓰는 순서에
맞게 따라 써 보세요.

주야장천: 낮과 밤을 가리지 않고 연달아

밤 야

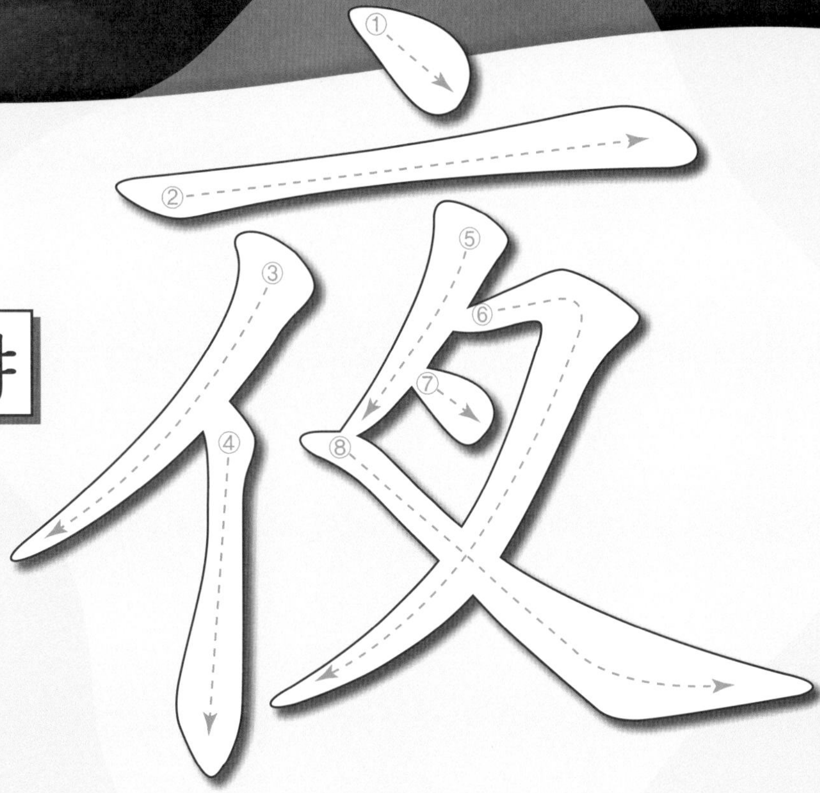

夜

낮 주

'낮', '대낮'이라는 뜻이고, '주'라고 읽어요.
'주간', '주야', '백주' 할 때 쓰는 한자예요.

해가 뜨면 주변이 환해져(旦), 붓으로 글(聿)을 쓰기 좋은
시간이라 해서 '낮'의 뜻을 나타내게 되었어요.

晝 晝 晝 晝 晝 晝 晝 晝 晝 晝 晝　　부수 日　총획 11획

晝	晝	晝	晝	晝

우와!
드디어 슈퍼파워가
생겼어!

23일
愛 永

24일
朴 李

25일
京 郡

영차, 영차!
포기하지 않으면,
좋은 일이 생겨!

22일
式 例

21일
死 勝

20일
野 根

17일
言 通

18일
頭 向

19일
習 畫

14일
銀 行

16일
合 本

15일
病 席

한 단계씩 차근차근,
탄탄히 하는 거야!

11일
區 別

12일
洋 服

13일
朝 禮

무엇을 배울까요?

밤 야

夜

'밤'이라는 뜻이고, '야'라고 읽어요.
'심야', '야광', '야식' 할 때 쓰는 한자예요.

해가 지면 날이 어두워지고 달이 뜨는 저녁(夕)이
찾아온다고 해서 '밤'의 뜻을 나타내게 되었어요.

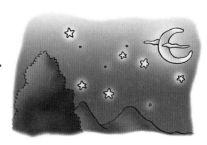

夜 夜 夜 夜 夜 夜 夜 夜　　　부수 夕　총획 8획

級 자와 訓 자를 배워요.

선생님께서 올해는 우리 반 **급훈**을 다 함께 정해 보자고 하셨어요.

함께 **급훈**을 고민하면서 각자 원하는 반 분위기와

학급 목표가 무엇인지 나눌 수 있어 좋은 시간이었어요.

사진을 보고 '학급'과 '가르치다'를 나타내는

한자를 쓰는 순서에 맞게 따라 써 보세요.

급 훈

등급 급

잠에 지면
잠을 이기[

씩씩하기
건강히
슬기[

배 우 자
일 하 자
사 랑 하 자

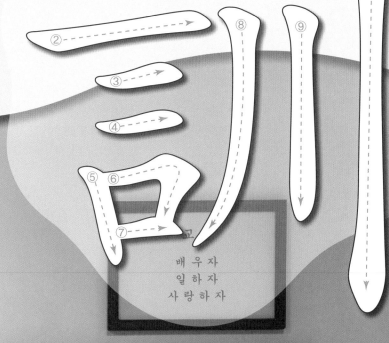

고지만
꾼다

나와 남을
사랑할 줄 아는 어린이

옆 반 정복

스스로 깨면 병아리,
남이 깨면 후라이

칠판을 유튜브 보듯이

등급 급

'**등급**', '**학급**'이라는 뜻이고, '급'이라고 읽어요.
'**동급**', '**체급**', '**급수**', '**특급**' 할 때 쓰는 한자예요.

옷감을 짤 때 쓰이는 실(糸)을 품질에 따라 등급을 매기는 모습에서 '등급'의 뜻을 나타내게 되었어요.

級 級 級 級 級 級 級 級 級 級   부수 糸 총획 10획

가르칠 훈

'가르치다'라는 뜻이고, '훈'이라고 읽어요.
'급훈', '교훈', '훈육' 할 때 쓰는 한자예요.

물이 흐르듯(川) 말(言)을 조리 있게 하여 상대방이 이해하고
따르게 한다고 해서 '가르치다'의 뜻을 나타내게 되었어요.

訓 訓 訓 訓 訓 訓 訓 訓 訓 訓   부수 言   총획 10획

나는야 급수왕!

1. 다음 한자에 맞는 뜻과 독음(읽는 소리)을 찾아 줄을 잇고 큰 소리로 읽어 보세요.

❶ 太 •   • 가르칠 •   • 훈

❷ 番 •   • 차례 •   • 번

❸ 訓 •   • 클 •   • 태

2. 다음 그림을 보고 연상되는 한자의 뜻과 독음(읽는 소리)을 써 보세요.

❶

'**동급**', '**체급**', '**급수**' 할 때 쓰는 한자예요.

 뜻   음

❷

'**심야**', '**야광**', '**야식**' 할 때 쓰는 한자예요.

 뜻   음

3. 다음 설명에 맞는 낱말을 한자로 바르게 쓴 것을 고르세요.

> **보기**
>
> ㉠ 陽地　　㉡ 樹木　　㉢ 樹林　　㉣ 校訓　　㉤ 級訓

❶ 학교의 교육 목표를 나타내는 **가르침**.

❷ **볕**이 바로 들어 밝고 따뜻한 곳.

❸ **나무**가 우거진 숲.

4. 다음 밑줄 친 낱말의 독음(읽는 소리)을 보기에서 찾아 바르게 써 보세요.

> **보기**
>
> 청록　　　초록　　　번호　　　교훈　　　급훈

❶ 현관문 비밀**番號**가 갑자기 생각나지 않아 한참을 집 앞에 서 있었어요.

❷ 사람의 눈이 구별하는 빛의 기본색은 빨강, **草綠**, 파랑이에요.

❸ 올해 우리 반의 **級訓**은 '씩씩하게, 건강하게, 슬기롭게'로 정했어요.

5. 다음 밑줄 친 낱말의 한자를 보기에서 찾아 바르게 써 보세요.

보기

太平   綠地   太陽   晝夜   綠樹

❶ 푸른 잎이 무성한 나무를 <u>녹수</u>라고 해요.

❷ 우리는 떠오르는 <u>태양</u>을 바라보며 소원을 빌었어요.

❸ 며칠째 장대비가 <u>주야</u>장천 내리고 있어요.

6. 다음 뜻과 음에 알맞게 한자를 완성하고 누락된 획은 몇 번째 쓰는 획인지 써 보세요.

❶ 綠   총 14획 중

___번째

푸를 록

❷ 陽   총 12획 중

___번째

볕 양

❸ 號   총 13획 중

___번째

이름/부르짖을 호

❹ 晝   총 11획 중

___번째

낮 주

7. 다음 이야기를 읽고, 속담과 고사성어를 천천히 따라 써 보세요.

　　가재와 게는 모습이나 사는 방식이 비슷하지요? '가재는 게 편'이라는 속담은 이같이 모양이나 형편이 서로 비슷하고 인연이 있는 사람들이 서로의 사정을 보아주며 감싸주기 쉽다는 뜻으로 쓰이는 속담이에요. 아무리 '가재는 게 편'이라도 옳지 않은 일이라면 정확하게 옳고 그름을 가리는 것이 맞겠지요?

가재는 게 편이네!

　　비슷한 뜻의 고사성어로는 '풀빛과 녹색은 같은 색'이라는 뜻의 '초록동색(草綠同色)'이라는 말이 있어요. 비슷한 사람들끼리 서로 어울리는 것을 말해요.

🖊 속담 쓰기

가	재	는		게		편	
가	재	는		게		편	

🖊 고사성어 쓰기

草	綠	同	色
풀 초	푸를 록	한가지 동	빛 색

나는야 놀이왕!

아래 설명에 맞는 한자어의 한자가 각각 어느 칸에 있는지 좌표(세로 칸의
알파벳과 가로 칸의 숫자 결합)로 말해볼까요? 그리고 큰 소리로 읽어보세요.

1. 어두운 곳에서 빛을 냄. **야광** _F2_ , _F7_

2. 낮과 밤 또는 쉬지 않고 계속함. **주야** ____ , ____

3. 태양계의 중심이 되는 항성. **태양** ____ , ____

4. 차례로 붙이는 숫자. **번호** ____ , ____

5. 푸른 잎이 우거진 나무. **녹수** ____ , ____

6. 특별한 계급이나 등급. **특급** ____ , ____

	1	2	3	4	5	6	7
A		級		號			
B	太					樹	
C			番				晝
D	綠			特			
E			陽				
F		夜					光

밑줄 친 한자어에 알맞은 한자를 찾아 선으로 이어 보세요.
그리고 큰 소리로 읽어 보세요.

 <u>백주</u> 대낮 •

• 夜食

 <u>야식</u> 메뉴 •

• 信號

 <u>신호</u> 대기 •

• 夕陽

 붉은 <u>석양</u> •

• 等級

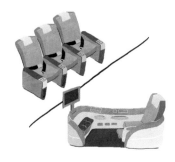 좌석 <u>등급</u> •

• 白晝

2주차

交 자와 感 자를 배워요.

사람과 사람은 대화로 서로 소통하고 **교감**할 수 있어요.
반면에 말을 하지 못하는 동물과 사람은 정서적 **교감**을
나누면서 소통을 해요.

사진을 보고 '**주고받다**'와 '**느끼다**'를 나타내는 한자를 쓰는
순서에 맞게 따라 써 보세요.

사귈 교

느낄 감

感

사귈 교

'사귀다', '오가다', '주고받다'라는 뜻이고,
'교'라고 읽어요.
'교제', '절교', '교통', '외교' 할 때 쓰는
한자예요.

두 발이 서로 엇갈려 꼰 모습을 본뜬 것에서 만들어진
글자예요.

交 交 交 交 交 交

부수 亠   총획 6획

느낄 감

'느끼다', '고맙게 여기다', '생각하다'라는
뜻이고, '감'이라고 읽어요.
'감동', '교감', '감사', '동감' 할 때 쓰는
한자예요.

마음으로 감정을 느낄 수 있다는 데서 '느끼다'의 뜻을
나타내게 되었어요.

感 感 感 感 感 感 感 感 感 感 感 感 부수 心 총획 13획

石 자와 油 자를 배워요.

땅속에서 검은색 기름을 발견한 옛날 사람들은
이 기름을 그릇(등잔, 호롱)에 담아 불을 켜는 데
사용했는데요. 이 기름이 땅속 깊이 박혀 있는
돌에 저장돼 있다고 생각해 '돌을 짜면 나오는
기름'이라는 뜻으로 '석유'라 불렀대요.
사진을 보고 '돌'과 '기름'을 나타내는 한자를
쓰는 순서에 맞게 따라 써 보세요.

돌 석

기름 유

油

돌 석

'돌'이라는 뜻이고, '석'이라고 읽어요.
'석공', '목석', '자석', '화석' 할 때 쓰는
한자예요.

언덕 아래에 떨어져 있는 돌덩이의 모양을
본뜬 것에서 '돌'의 뜻을 나타내게 되었어요.

石 石 石 石 石

부수 石 총획 5획

기름 유

'기름'이라는 뜻이고, '유'라고 읽어요.
'석유', '주유', '유인물', '유분' 할 때
쓰는 한자예요.

등잔(由)에 불을 밝히기 위해서 쓰인 기름이 액체(水)인
것에서 '기름'의 뜻을 나타내게 되었어요.

油 油 油 油 油 油 油 油

부수 氵(水) 총획 8획

遠 자와 近 자를 배워요.

원근법을 이용해 같은 크기의 사물도 **가까운** 것을 크게 그리고
먼 것을 작게 그리면 삼차원적 묘사가 가능해져요.
사진을 보고 '**멀다**'와 '**가깝다**'를 나타내는 한자를
쓰는 순서에 맞게 따라 써 보세요.

멀 원

遠

가까울 근

遠 멀 원

'멀다'라는 뜻이고, '원'이라고 읽어요.
'원근', '원양', '원정', '원격' 할 때 쓰는
한자예요.

긴 옷(衣)의 상복을 입고 곡을 하며 먼 길을 가는(辶) 모습에서
'멀다'의 뜻을 나타내게 되었어요.

遠 遠 遠 遠 遠 遠 遠 遠 遠 遠 遠 遠
遠 遠

부수 辶(辵)　총획 14획

가까울 근

'가깝다', '요즘, 요사이'라는 뜻이고,
'근'이라고 읽어요.
'근접', '친근', '부근', '근래' 할 때 쓰는
한자예요.

막대 저울에 물건을 달 때, 저울(斤)추를 눈금에서 좌우로 조금씩
옮겨 가는(辶) 거리처럼 가깝다 해서 만들어진 글자예요.

近 近 近 近 近 近 近 近

부수 辶(辵)　총획 8획

우리 언니는 **친손**과 외손을 전부 포함해 첫 손주인 데다가
애교도 많아서 아기 때부터 어른들의 귀염을 독차지했어요.
사진을 보고 '**가깝다**'와 '**손자**'를 나타내는 한자를 쓰는
순서에 맞게 따라 써 보세요.

친할 친

親

손자 손

孫

친할 친

'친하다', '가깝다'라는 뜻이고, '친'이라고
읽어요.
'친분', '친구', '친족', '친절' 할 때 쓰는 한자예요.

나무를 심고 살피듯 자식을 보살피고 돌본다 하여 '어버이'의
뜻에서, 그만큼 '가깝고 친하다'의 뜻을 나타내게 되었어요.

親 親 親 親 親 親 親 親 親 親 親 親 親
親 親 親

부수 見　총획 16획

손자 손

'손자', '자녀, 자식'이라는 뜻이고, '손'이라고
읽어요.
'자손', '친손', '외손', '후손' 할 때 쓰는 한자예요.

아버지를 이어 대를 잇는 아들이라 하여 '손주'의 뜻을
나타내게 되었어요.

孫 孫 孫 孫 孫 孫 孫 孫 孫 孫　　부수 子　총획 10획

溫 자와 度 자를 배워요.

지구의 평균 **음도**가 연일 17도를 넘어서며 온난화가 가속화되고 있어요. 지구 **음도**의 상승을 막기 위해서 대중교통 이용하기, 에너지 절약하기, 일회용품 사용 줄이기 등 우리가 할 수 있는 일을 주변에서 찾아 탄소중립 생활을 실천 해 봐요.

사진을 보고 '**따뜻하다**'와 '**정도**'를 나타내는 한자를 쓰는 순서에 맞게 따라 써 보세요.

따뜻할 온

度

법도 도,
헤아릴 탁

따뜻할 온

'**따뜻하다**'라는 뜻이고, '온'이라고 읽어요. '온기', '온수', '온화', '온실' 할 때 쓰는 한자예요.

대야(皿)에 물(水)을 받아 해가 잘 드는 곳에 두어 물을 따뜻하게 데운 후, 몸을 담그고 씻는 사람(囚)을 본떠서 만든 글자예요.

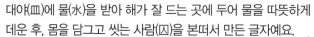

| 부수 | 氵(水) | 총획 | 13획 |

법도 도, 헤아릴 탁

'법도', '정도'를 뜻할 때는 '도'라고 읽고,
'헤아리다'를 뜻할 때는 '탁'이라고 읽어요.
'제도', '온도', '속도', '촌탁' 할 때 쓰는
한자예요.

손으로 길이를 재는 모습에서 '헤아리다'의 뜻을, 그 길이나 무게는 정한
기준을 따라야 똑같을 수 있다 해서 '법도'의 뜻을 나타내게 되었어요.

度 度 度 度 度 度 度 度 度

부수 广   총획 9획

度 度 度 度 度

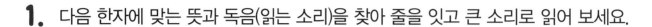

1. 다음 한자에 맞는 뜻과 독음(읽는 소리)을 찾아 줄을 잇고 큰 소리로 읽어 보세요.

❶ 溫 ・　　　・ 사귈 ・　　　・ 온

❷ 交 ・　　　・ 따뜻할 ・　　　・ 교

❸ 遠 ・　　　・ 멀 ・　　　・ 원

2. 다음 그림을 보고 연상되는 한자의 뜻과 독음(읽는 소리)을 써 보세요.

❶
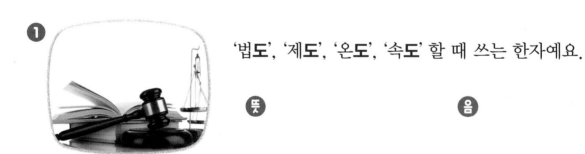
'법**도**', '제**도**', '온**도**', '속**도**' 할 때 쓰는 한자예요.

뜻　　　　　　　음

❷

'**친**분', '**친**구', '**친**족', '**친**절' 할 때 쓰는 한자예요.

뜻　　　　　　　음

3. 다음 설명에 맞는 낱말을 한자로 바르게 쓴 것을 고르세요.

> 보기
>
> ㉠ 木石　　㉡ 親族　　㉢ 親孫　　㉣ 孫子　　㉤ 注油

❶ 아들이 낳은 자녀, 친손자 친손녀.

❷ 나무와 돌 또는 나무와 돌처럼 아무런 감정이 없는 사람을 비유하는 말.

❸ 자동차 등에 기름을 넣음.

4. 다음 밑줄 친 낱말의 독음(읽는 소리)을 보기에서 찾아 바르게 써 보세요.

> 보기
>
> 교류　　　교신　　　교감　　　친근　　　공감

❶ 통신이 두절되어 외부와의 交信이 완전히 차단된 상태예요.

❷ 그녀는 친구의 아픔을 누구보다도 共感하는 사람이에요.

❸ 처음 만날 때부터 왠지 구면인 것처럼 親近하게 여겨졌어요.

5. 다음 밑줄 친 낱말의 한자를 보기에서 찾아 바르게 써 보세요.

보기

近來　　　溫度　　　遠近　　　油分　　　石油

❶ 중동은 세계적인 <u>석유</u> 생산의 중심 지역이에요.

❷ 명절이 되면 <u>원근</u> 각지에서 친척들이 한자리에 모여요.

❸ <u>온도</u>는 사람이 느끼는 따뜻함과 차가움의 정도를 수치로 나타낸 거예요.

6. 다음 뜻과 음에 알맞게 한자를 완성하고 누락된 획은 몇 번째 쓰는 획인지 써 보세요.

❶ 油　　총 8획 중

　　　　번째

기름 유

❷ 近　　총 8획 중

　　　　번째

가까울 근

❸ 感　　총 13획 중

　　　　번째

느낄 감

❹ 孫　　총 10획 중

　　　　번째

손자 손

7. 다음 이야기를 읽고, 속담과 고사성어를 천천히 따라 써 보세요.

'먼 친척보다 가까운 이웃이 낫다'라는 속담이 있어요. 이웃은 자주 만나기 때문에 서로에게 생긴 기쁜 일과 슬픈 일을 가장 잘 아는 사람들이지요. 이웃에 살면서 친하게 지내다 보면 먼 곳에 사는 친척보다 더 가깝게 지내다 보니 서로 도우며 살게 된다는 뜻이에요. 특히 어려운 일이 생겼을 때 멀리 있는 친척은 당장 도움을 주기 어렵지만 가까이 있는 이웃은 가장 빨리 도와 줄 수 있는 사람이기도 해요. 그래서 '이웃사촌'이라는 말도 있는 거랍니다. 여러분도 친구나 이웃과 정을 나누며 친하게 지내세요.

같은 뜻을 가진 고사성어로는 '원족근린(遠族近隣)'이라는 말이 있어요.

✏️ 속담 쓰기

먼		친	척	보	다		가	까	운
이	웃	이		낫	다				

✏️ 고사성어 쓰기

遠	族	近	隣
멀 **원**	겨레 **족**	가까울 **근**	이웃 **린**

나는야 놀이왕!

홀로 있는 가젤이 초원을 건너 무리가 있는 곳으로 갈 수 있도록 도와주세요! 이곳을 지나려면 세 개의 한자어를 한자와 뜻, 음 순서대로 밟고 지나가야 해요.

힌트 石油(석유) → 親分(친분) → 遠近(원근)

출발

돌
석
石

油

자리
석

말미암을
유

由

기름
유

右

나눌
분

말미암을
유

친할
친

親　　新

遠

分

분할
분

멀
원

베풀
친

近

公

逅

가까울
근

초원을 건너오면서 찾은
세 개의 한자어를
큰 소리로 읽어 보세요.

도착

네 개의 한자가 있어요. 각 한자가 쓰인 한자어를 찾아 동그라미표 하세요. 그리고 큰 소리로 읽으면서 써 보세요.

交
사귈 교

외교　　학교

外

溫
따뜻할 온

평온　　체온

體

感
느낄 감

감소　　감동

動

度
법도 도

파도　　속도

速

3주차

區 자와 別 자를 배워요.

구분과 **구별**은 음과 뜻이 비슷해 헷갈릴 때가 많아요. '구분'은 어떤 기준에 따라
전체를 갈라 **나눈다**는 의미가 강하고, '**구별**'은 둘 이상의 대상에서 나타나는
차이를 강조하거나 그 차이에 따라 **나눈다**는 의미가 강해요.

사진을 보고 '**나누다**'와 '**다르다**'를 나타내는
한자를 쓰는 순서에 맞게 따라 써 보세요.

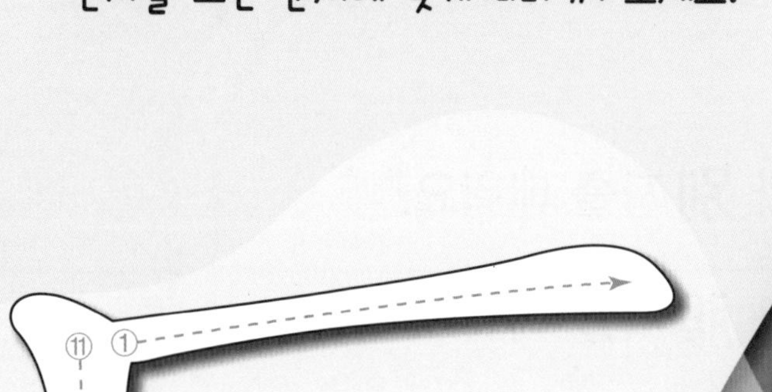

區

구분할 구

다를/나눌 **별**

別

區

구분할 구

'구분하다', **'나누다'** 이외에 행정 구역 단위인 **'구'**, **'구역'**이라는 뜻이고, **'구'**라고 읽어요. '구분', '구획', '구간', '구청' 할 때 쓰는 한자예요.

물건을 나누어 넣어 놓은 모습에서 '구분하다'의 뜻을, 땅을 나누어 구분하는 지경이라는 의미에서 '구역'의 뜻을 나타내게 되었어요.

부수 匚 총획 11획

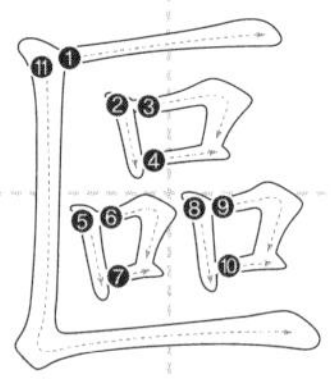

區 區 區 區

別

다를/나눌 별

'다르다', '나누다'라는 뜻이고, '별'이라고
읽어요.
'구별', '특별', '별명', '개별' 할 때 쓰는
한자예요.

骨(뼈 골)과 刀(칼 도)가 합쳐진 글자로, 칼로 뼈와 살을 발라내는
모습에서 '다르다', '나누다'의 뜻을 나타내게 되었어요.

別 別 別 別 別 別 別   부수 刂(刀)   총획 7획

別

洋 자와 服 자를 배워요.

원래 **양복**은 서양식 옷을 말하고, 양장은 옷차림이나 머리 모양새를 서양식으로
꾸민 모습을 말해요. 하지만 현재 **양복**은 서양식 남성 정장을,
양장은 **서양식** 여성 정장을 가리키는 말로 쓰이고 있어요.
사진을 보고 '서양'과 '옷'을 나타내는 한자를 쓰는
순서에 맞게 따라 써 보세요.

큰 바다 **양**

服 옷 복

큰 바다 양

'큰 바다', '서양'이라는 뜻이고, '양'이라고 읽어요.
'태평양', '원양', '양말', '양약' 할 때 쓰는 한자예요.

짠물이 넘실대는 드넓은 바다 모습에서 '큰 바다'의 뜻을 나타내게 되었어요.

洋 洋 洋 洋 洋 洋 洋 洋 洋　　　　부수 氵(水)　총획 9획

服

옷 복

'옷', '**복종하다**'라는 뜻이고, '복'이라고 읽어요.
'의복', '양복', '교복', '복종' 할 때 쓰는
한자예요.

죄인을 배에 태워 무릎 꿇려 호송하는 모습에서 '복종하다'의
뜻으로 만들어져, 후에 몸을 다스려 보호한다는 의미에서
'옷'의 뜻도 나타내게 되었어요.

服 服 服 服 服 服 服 服

부수 月　총획 8획

服

服 服 服 服

朝 자와 禮 자를 배워요.

학교에서 수업을 시작하기 전에
하는 **아침** 모임을 일컫는 '**조례**'와
학교나 관청 등에서 아침 인사나
전달 사항 등을 위해 **아침**에 모두 모이는
일을 일컫는 '조회'는 비슷한 의미를 가진
유의어예요.

사진을 보고 '**아침**'과 '**예**'를 나타내는 한자를 쓰는
순서에 맞게 따라 써 보세요.

아침 조

禮

예도 례

아침 조

'**아침**'이라는 뜻이고, '**조**'라고 읽어요.
'조식', '조회', '조례' 할 때 쓰는
한자예요.

풀숲(艸) 사이로 떠오르는 해(日)와 아직 지지 않은
새벽달(月)이 함께 보이는 모습에서 '아침'의 뜻을 나타내게
되었어요.

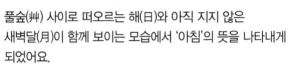

朝 朝 朝 朝 朝 朝 朝 朝 朝 朝 朝 朝   부수 月   총획 12획

예도 례

낱말 맨 앞에 올 때는 '예'라고 말해요.

'예, 예도'라는 뜻이고, '례'라고 읽어요.
'예의', '차례(제사)', '실례' 할 때 쓰는
한자예요.

제사(示)를 지낼 때 음식을 풍성(豊)하게 차려놓고 신에
대한 경의를 표현한 데서 '예도'의 뜻을 나타내게 되었어요.

禮 禮 禮 禮 禮 禮 禮 禮 禮 禮 禮 禮 禮 禮
禮 禮 禮 禮

부수 示 총획 18획

銀 자와 行 자를 배워요.

은행은 예금을 다른 사람이나 기업에 빌려주고 투자하면서 돈이 필요한 곳에
골고루 흘러들도록 관리하는 기관이지요. 이 '은행'에 왜 '다니다'라는
의미의 '행'이 쓰였을까요? 그건 돈이 여기저기로 흘러 유통되는
돈의 속성을 나타내기 때문이에요.
사진을 보고 '돈'과 '다니다'를 나타내는 한자를 쓰는
순서에 맞게 따라 써 보세요.

은 은

다닐 행, 항렬 항

行

① ② ③ ④ ⑤ ⑥

한국은행
BANK OF KOREA

銀

은 은

'은', '은빛', '돈'이라는 뜻이고, '은'이라고
읽어요.
'은색', '은박지', '은하수', '은행' 할 때 쓰는
한자예요.

황금빛에 미치지 못하는(艮) 은빛 쇳덩이(金)의 모양에서
'은'의 뜻을 나타내게 되었어요.

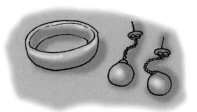

銀 銀 銀 銀 銀 銀 銀 銀 銀 銀 銀 銀
銀 銀

| 부수 | 金 | 총획 | 14획 |

銀	銀	銀	銀	銀

다닐 행, 항렬 항

'**다니다**', '**행하다**'를 뜻할 때는 '**행**'이라고 읽고, '**항렬**'을 뜻할 때는 '**항**'으로 읽어요. '행인', '여행', '강행', '항렬' 할 때 쓰는 한자예요.

네 방향으로 난 사거리의 모양을 본뜬 것에서 '다니다'의 뜻을 나타내게 되었어요.

行 行 行 行 行 行　　　　　부수 行　총획 6획

病 자와 席 자를 배워요.

할아버지께 문병을 다녀왔어요. 환하게 웃으며 맞아 주셨지만,
병석에 오래 누워 계셔서인지 얼굴이 많이 야윈 모습이었어요.
하루빨리 **병석**을 떨치고 일어나셨으면 좋겠어요.
사진을 보고 '병'과 '자리'를 나타내는 한자를 쓰는
순서에 맞게 따라 써 보세요.

병 병

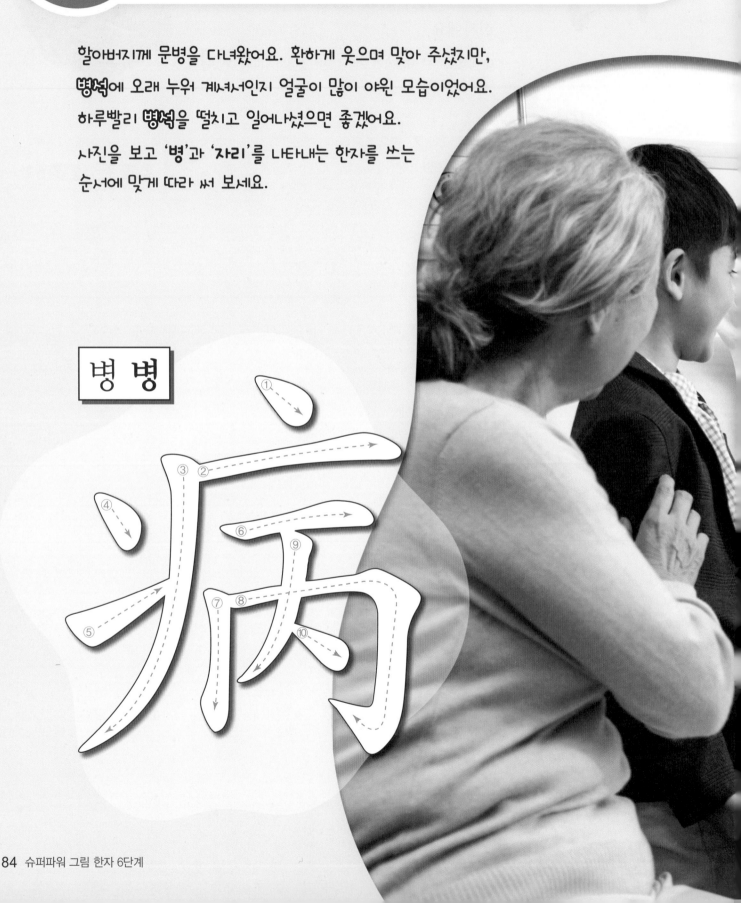

席

자리 석

병 병

病

'**병**'이라는 뜻이고, '**병**'이라고 읽어요.
'병자', '병약', '간병', '문병' 할 때 쓰는
한자예요.

건강이 나빠져 병들어 자리에 누워 있는 사람의 모습에서
'병'의 뜻을 나타내게 되었어요.

病 病 病 病 病 病 病 病 病 病　　　　부수 广　　총획 10획

자리 석

'**자리**'라는 뜻이고, '석'이라고 읽어요.
'좌석', '출석', '병석', '방석' 할 때 쓰는
한자예요.

바닥에 수건이나 천을 깔아 앉을 곳을 만드는 모습에서
'자리'의 뜻을 나타내게 되었어요.

席 席 席 席 席 席 席 席 席 席

부수 巾 총획 10획

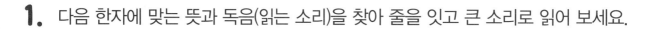

1. 다음 한자에 맞는 뜻과 독음(읽는 소리)을 찾아 줄을 잇고 큰 소리로 읽어 보세요.

① 洋 ·   예도   · · 복

② 服 ·   큰 바다   · · 례

③ 禮 ·   옷   · · 양

2. 다음 그림을 보고 연상되는 한자의 뜻과 독음(읽는 소리)을 써 보세요.

①

'**병**자', '**병**약', '간**병**', 문**병**' 할 때 쓰는 한자예요.

 뜻   음

②

'좌**석**', '출**석**', '병**석**', '방**석**' 할 때 쓰는 한자예요.

 뜻   음

3. 다음 설명에 맞는 낱말을 한자로 바르게 쓴 것을 고르세요.

보기

　⊙ 銀行　　⊙ 銀色　　⊙ 區分　　⊚ 區別　　⊙ 別名

① 본래의 이름과는 **다르게** 남들이 지어 부르는 이름.

② 사람들의 **돈**을 맡아 관리하고 필요한 사람에게 **돈**을 빌려주는 기관.

③ 따로따로 갈라 **나눔**, 일정한 기준에 따라 전체를 몇 개로 갈라 **나눔**.

4. 다음 밑줄 친 낱말의 독음(읽는 소리)을 보기에서 찾아 바르게 써 보세요.

보기

　　　급행　　　　조석　　　　실례　　　　분별　　　　조회

① 조력 발전은 <u>朝夕</u> 간만의 차를 이용해 전기에너지를 생산하는 방식이에요.

② 밤늦게 불쑥 찾아 뵙거나 전화하는 것은 <u>失禮</u>되는 행동이에요.

③ 지금 들어오는 열차는 <u>急行</u>이라 이 역에는 정차하지 않아요.

5. 다음 밑줄 친 낱말의 한자를 보기에서 찾아 바르게 써 보세요.

> **보기**
>
> 病席   衣服   病室   洋服   區間

① 공사로 도로의 일부 **구간**이 통제되어 교통이 혼잡해요.

② 이 더운 날씨에 **양복**을 입은 그는 연신 땀을 닦기에
  바빴어요.

③ 할아버지는 **병석**을 떨치고 일어나 완전히 건강을
  회복하셨어요.

6. 다음 뜻과 음에 알맞게 한자를 완성하고 누락된 획은 몇 번째 쓰는 획인지 써 보세요.

① 品   총 11획 중

       번째

구분할 **구**

② 別   총 7획 중

       번째

다를/나눌 **별**

③ 朝   총 12획 중

       번째

아침 **조**

④ 銀   총 14획 중

       번째

은 **은**

7. 다음 이야기를 읽고, 속담과 고사성어를 천천히 따라 써 보세요.

　　'열 번 찍어 아니 넘어가는 나무 없다'라는 속담은 나무처럼 뜻이 굳은 사람이라도 여러 번 권하거나 꾀고 달래면 결국은 마음이 변한다는 뜻이에요. 또 아무리 어려운 일이라도 한 번, 두 번 계속하다 보면 원하는 대로 이루어진다는 뜻도 있어요. 그러니 무슨 일이든 처음에 안 된다고 쉽게 포기하지 말고, 될 때까지 끈기를 갖고 도전해 보세요.

　　같은 뜻을 가진 고사성어로는 '십벌지목(十伐之木)'이라는 말이 있어요.

열 번 찍어 안 넘어가는 나무는 없어!

✏️ 속담 쓰기

열	번		찍	어		아	니
넘	어	가	는		나	무		없	다

✏️ 고사성어 쓰기

十	伐	之	木
열 **십**	칠 **벌**	갈 **지**	나무 **목**

나는야 놀이왕!

신기한 곤충 잡기

붕붕, 윙윙! 친구들이 곤충 잡기 놀이를 하고 있어요. 곤충망에 있는 한자어에 쓰인 한자를 찾아 선으로 이어 보세요. 그리고 큰 소리로 읽어 보세요.

알록달록 색칠하기

그림 속에 무엇이 숨어 있을까요? 각 한자가 가리키는 색으로 칠해 그림을 완성해 보세요.

別 나눌 **별**

朝 아침 **조**

區 구분할 **구**

洋 큰 바다 **양**

病 병 **병**

禮 예도 **례**

行 다닐 **행**

席 자리 **석**

銀 은 **은**

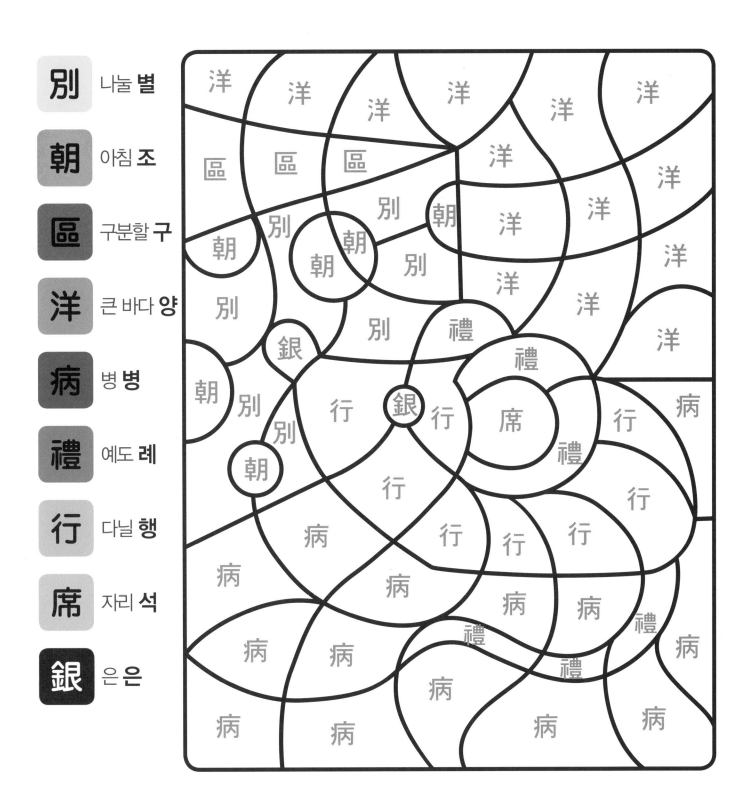

4주차

合 자와 本 자를 배워요.

기존에 시리즈로 나왔던 동화책이 출간 10주년 기념으로 여러 권을 한데 **모아**

합본으로 다시 출간된대요. **합본**판도 빨리 읽어보고 싶어요.

사진을 보고 '**합하다**'와 '**책**'을 나타내는 한자를 쓰는 순서에 맞게 따라 써 보세요.

합할 합

근본 본

합할 합

'**합하다**', '**모으다**', '**맞다**'라는 뜻이고,
'**합**'이라고 읽어요.
'**합계**', '**합체**', '**집합**', '**합격**' 할 때 쓰는
한자예요.

뚜껑이 있는 찬합의 모습을 본뜬 것에서 '합하다'의 뜻을
나타내게 되었어요.

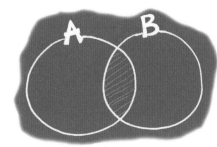

合 合 合 合 合 合

부수 口   총획 6획

근본 본

'근본', '본디(원래)', '책'이라는 뜻이고,
'본'이라고 읽어요.
'기본', '본명', '본능', '합본' 할 때 쓰는
한자예요.

木(나무 목) 아래 뿌리 부분에 一(한 일)을 그어 나무에서는
뿌리가 제일 중요한 근본임을 나타낸 글자예요.

本 本 木 木 本

부수 木 총획 5획

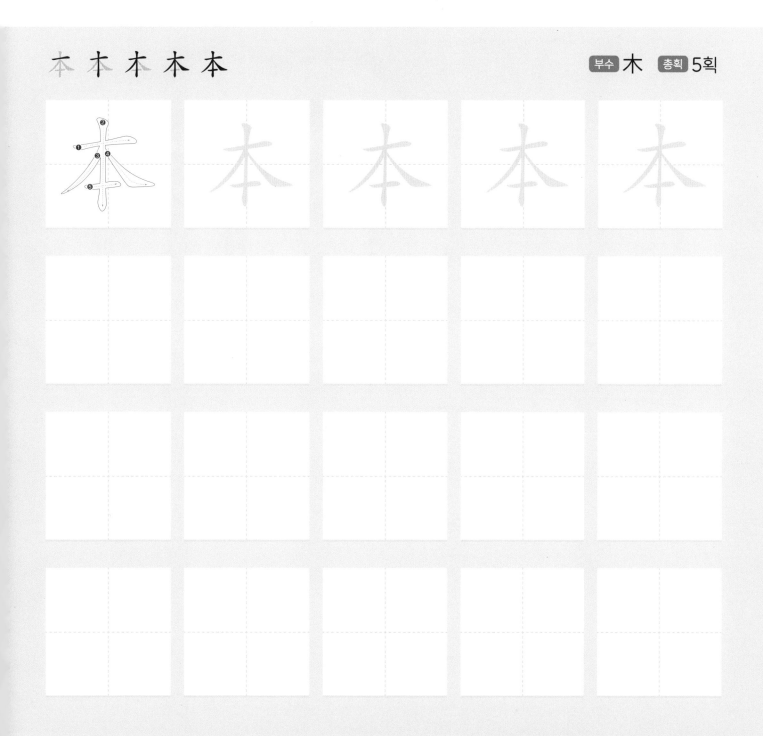

言 자와 通 자를 배워요.

서로 다른 나라 **말**을 사용하는 사람들 사이에서 **말**의 뜻이 **통하도록**

말을 옮겨주는 통역사가 되는 게 제 꿈이에요.

사진을 보고 '**말**'과 '**통하다**'를 나타내는 한자를

쓰는 순서에 맞게 따라 써 보세요.

말씀 언

통할 통

涌

말씀 언

'말씀, 말', **'알리다'**, **'말하다'**라는 뜻이고,
'언'이라고 읽어요.
'언행', **'실언'**, **'언론'**, **'발언'** 할 때 쓰는
한자예요.

辛(매울 신)과 口(입 구)가 합쳐진 글자로, 말은 말인데 정곡을
콕콕 찌르는 말이라 하여 '말씀'의 뜻을 나타내게 되었어요.

言 言 言 言 言 言 言 　　　　부수 言　총획 7획

통할 통

'통하다', '오가다'라는 뜻이고, '통'이라고 읽어요.
'공통', '통역', '교통', '통행' 할 때 쓰는 한자예요.

길이 이어져 통하니 걸어가는 데 막힘이 없다 하여 '통하다'의 뜻을 나타내게 되었어요.

通 通 通 通 通 通 通 通 通 通 通　　부수 辶(辵)　　총획 11획

頭 자와 向 자를 배워요.

머리는 바닥을 향하고 엉덩이는 하늘을 향하는 요가 자세를 '다운독'이라고 해요.

강아지가 기지개를 켜는 모습과 비슷하다고 해서 붙여진 이름이에요.

우리 친구들도 한번 따라 해 볼까요?

사진을 보고 '머리'와 '향하다'를 나타내는 한자를 쓰는 순서에 맞게 따라 써 보세요.

머리 두

향할 향

머리 두

'머리', '맨 앞', '처음'이라는 뜻이고,
'두'라고 읽어요.
'두각', '두통', '선두', '서두' 할 때 쓰는
한자예요.

제기(豆)의 모양이 사람의 목부터 정수리까지의 머리(頁) 모양과
비슷하게 생겼다고 해서 만들어진 글자예요.

頭 頭 頭 頭 頭 頭 頭 頭 頭 頭 頭 頭 頭
頭 頭 頭

부수 頁 총획 16획

향할 향

向

'향하다', '방향'이라는 뜻이고,
'향'이라고 읽어요.
'향상', '풍향', '의향', '성향' 할 때 쓰는
한자예요.

집(宀)을 지을 때 정면 입구(口)는 남쪽을 향하게 하고, 창문(口)은
북쪽을 향하게 지은 모습에서 '향하다'의 뜻을 나타내게 되었어요.

向 向 向 向 向 向   부수 口   총획 6획

習 자와 畫 자를 배워요.

단어를 **익힐** 때 **그림**을 시각적으로 보면서 반복적으로 읽으면, 글씨로만
익힐 때보다 훨씬 잘 기억할 수 있어요.

사진을 보고 '**익히다**'와 '**그림**'을 나타내는 한자를 쓰는 순서에
맞게 따라 써 보세요.

익힐 습

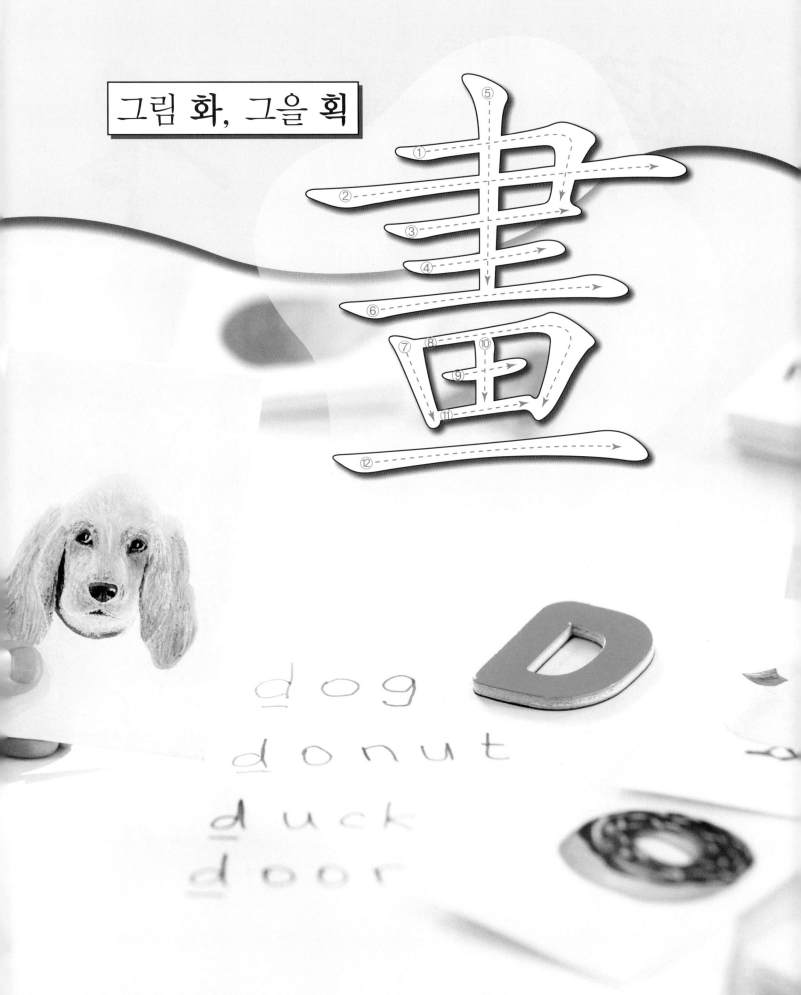

그림 화, 그을 획

익힐 습

'익히다', '연습하다', '습관'이라는 뜻이고,
'습'이라고 읽어요.
'학습', '습작', '풍습', '상습' 할 때 쓰는
한자예요.

연습을 통해 어린 새가 스스로 날갯짓하여 하늘을 나는 방법을
배운다고 해서 '익히다'의 뜻을 나타내게 되었어요.

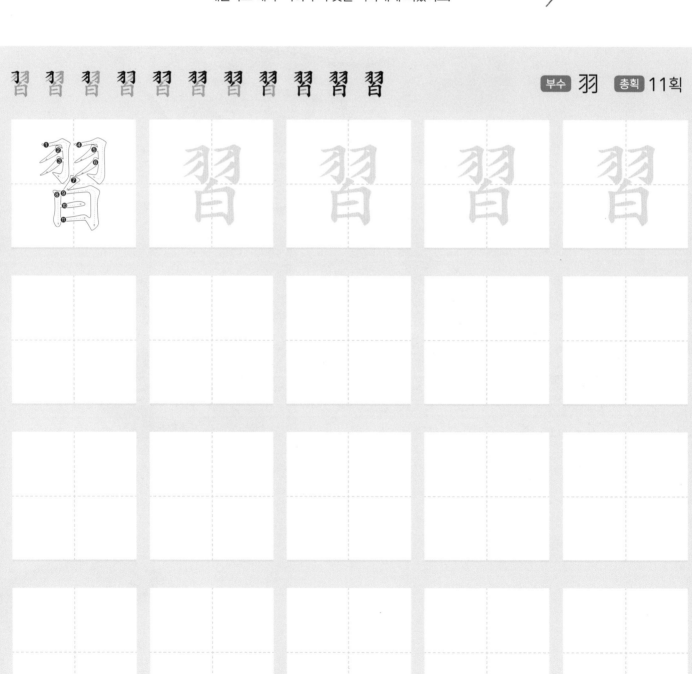

習 習 習 習 習 習 習 習 習 習 習

부수 羽   총획 11획

畫

그림 화, 그을 획

'그림', '그리다'를 뜻할 때는 '화'라고 읽고,
'긋다'를 뜻할 때는 '획'이라고 읽어요.
'화가', '화보', '화면', '획수' 할 때 쓰는
한자예요.

붓으로 다양한 선과 도형 등을 그리는 모습에서 '그림'의
뜻을 나타내게 되었어요.

畫畫畫畫畫畫畫畫畫畫畫畫　　부수 田　총획 12획

野 자와 根 자를 배워요.

드넓은 **들판**에 수백 년은 된 것처럼 보이는 고목나무 한 그루가 우뚝 서 있어요.

이렇게 나이 많은 나무의 **뿌리**는 땅속 깊이 내리뻗어 있어

그 끝을 알 수 없을 정도라고 해요.

사진을 보고 '들판'과 '뿌리'를 나타내는 한자를 쓰는

순서에 맞게 따라 써 보세요.

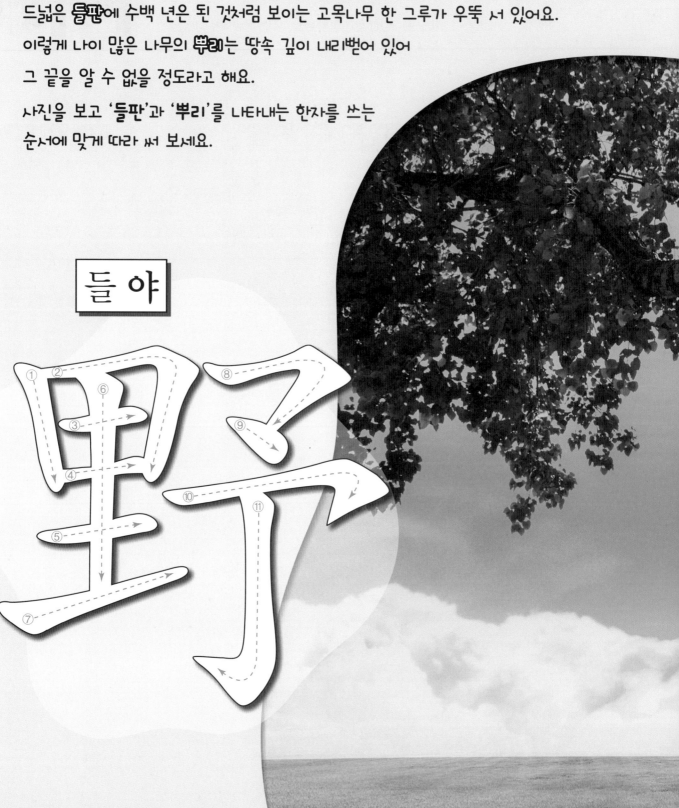

들 야

뿌리 근

野

들 야

'들', '들판', '범위'라는 뜻이고, '야'라고
읽어요.
'평야', '야생', '설야', '분야' 할 때 쓰는
한자예요.

마을 주변을 에워싼 넓고 평평한 땅의 풍경에서 '들'의 뜻을
나타내게 되었어요.

野 野 野 野 野 野 野 野 野 野 野　　부수 里　총획 11획

野	野	野	野	野

뿌리 근

'**뿌리**', '**근본**'이라는 뜻이고, '근'이라고
읽어요.
'연근', '모근', '근거', '근원' 할 때 쓰는
한자예요.

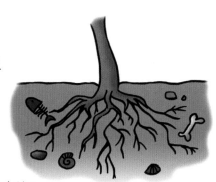

나무(木)가 땅에서 쓰러지지 않게 지탱하면서, 멈추지(艮) 않고
쑥쑥 자랄 수 있게 하는 근본이 '뿌리'라 해서 만들어진 글자예요.

根 根 根 根 根 根 根 根 根 根

부수 木 총획 10획

1. 다음 한자에 맞는 뜻과 독음(읽는 소리)을 찾아 줄을 잇고 큰 소리로 읽어 보세요.

① 根　·　　　·　뿌리　·　　　·　습

② 合　·　　　·　익힐　·　　　·　근

③ 習　·　　　·　합할　·　　　·　합

2. 다음 그림을 보고 연상되는 한자의 뜻과 독음(읽는 소리)을 써 보세요.

① 　'**향**상', '풍**향**', '의**향**', '성**향**' 할 때 쓰는 한자예요.

　　뜻　　　　　　　음

② 　'**언**행', '실**언**', '**언**론', '발**언**' 할 때 쓰는 한자예요.

　　뜻　　　　　　　음

3. 다음 설명에 맞는 낱말을 한자로 바르게 쓴 것을 고르세요.

> 보기
>
> ㉠ 共通　　㉡ 公通　　㉢ 本分　　㉣ 根本　　㉤ 先頭

❶ 둘 이상의 여러 사람 사이에 두루 **통하고** 관계됨.

❷ 줄이나 행렬에서 **맨 앞**.

❸ 식물의 **뿌리** 또는 사물의 본질이나 본바탕.

4. 다음 밑줄 친 낱말의 독음(읽는 소리)을 보기에서 찾아 바르게 써 보세요.

> 보기
>
> 본부　　　설야　　　풍습　　　재야　　　본분

❶ 지방마다 전해 내려오는 <u>風習</u>이 각기 달라요.

❷ 이 식당은 현지인들에게 입소문이 자자한 <u>在野</u>의 숨은 맛집이에요.

❸ 학생이 공부하는 것은 지켜야 할 기본 <u>本分</u>이에요.

5. 다음 밑줄 친 낱말의 한자를 보기에서 찾아 바르게 써 보세요.

通路　　　言語　　　言行　　　集合　　　通行

❶ 내일 오전 10시까지 기차역 앞에 **집합**해 주세요.

❷ 타인에게 불쾌감을 주는 **언행**을 하지 않도록 주의해야 해요.

❸ 이 길은 한쪽 방향으로만 **통행**이 가능한 일방통행 구간이에요.

6. 다음 뜻과 음에 알맞게 한자를 완성하고 누락된 획은 몇 번째 쓰는 획인지 써 보세요.

❶ 木　　총 5획 중 ___ 번째
근본 본

❷ 頭　　총 16획 중 ___ 번째
머리 두

❸ 畫　　총 12획 중 ___ 번째
그림 화, 그을 획

❹ 野　　총 11획 중 ___ 번째
들 야

7. 다음 이야기를 읽고, 속담과 고사성어를 천천히 따라 써 보세요.

　　말 중에 가장 빠른 말은 무슨 말일까요? 바로 '발 없는 말'입니다. 사람들이 입으로 자기 생각을 표현하는 '말'을 동물 '말'에 비유해서 표현한 것이지요. 이처럼 '발 없는 말이 천 리 간다'라는 속담은 사람의 입에서 나오는 말은 비록 천리마처럼 빨리 달릴 수 있는 발이 없어도 순식간에 천 리 밖까지 퍼지기 마련이니, 항상 말을 조심해서 해야 한다는 뜻으로 쓰이는 말이에요.

　　같은 뜻을 가진 고사성어로는 '언비천리(言飛千里)'라는 말이 있어요. '말이 천리를 난다'라는 뜻으로, 말이 엄청 빠르면서도 멀리 퍼지는 것을 이르는 말이에요.

✏️ 속담 쓰기

발		없	는		말	이		천	
리		간	다						

✏️ 고사성어 쓰기

言	飛	千	里
말씀 **언**	날 **비**	일천 **천**	마을 **리**

나는야 놀이왕!

늑대가 나타났다!

큰일났어요! 늑대에게 토끼가 쫓기고 있어요. 토끼가 안전하게 집으로 돌아갈 수 있도록 한자어의 바른 독음을 따라 길을 찾아주세요.

출발

言行

交通   교통   언행
        은행

        고통

분야

分野

        재야

                합석
        합성
合成

향상
向上   두각
        頭角
향기   두목

學習

    연습
학습   도착

 **先**

여러 가지 열매가 있어요. 각 열매의 겉과 속을 바르게 이어 찾은 한자어를 한자로 써보세요. 그리고 한자어의 뜻을 생각하며 큰 소리로 읽어 보세요.

열매의 ✗
겉과 속

 **生**

산이나 들에서 저절로 자람 또는 그런 생물.

 **통**

 **언**

말을 꺼내 의견을 나타냄.

 **風**

 **두**

줄이나 행렬에서 맨 앞.

 **야**

 **行**

어떤 곳을 지나다님.

 **습**

 **향**

바람이 불어오는 방향.

 **發**

 **作**

연습 삼아 글을 쓰거나 그림을 그리는 것.

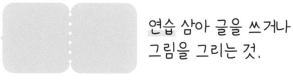

5주차

Day 21 死 자와 勝 자를 배워요.

죽을 사

우리 대표팀 선수들은 마지막까지 **죽을힘**을 다해
사투를 벌였지만, 끝내 **승리**를 지켜내진 못했어요.
하지만 끝까지 사력을 다해 뛴 태극전사들에게
국민들은 아낌없는 격려와 박수를 보냈어요.
사진을 보고 '**죽다**'와 '**이기다**'를 나타내는
한자를 쓰는 순서에 맞게 따라 써 보세요.

이길 승

죽을 사

死

'죽다'라는 뜻이고, '사'라고 읽어요.
'사망', '생사', '사력', '사투' 할 때 쓰는
한자예요.

뼈가 앙상한(歹) 시신 옆에서 애도하고 있는 사람(人)의
모습에서 '죽다'의 뜻을 나타내게 되었어요.

死 死 死 死 死 死

부수 歹 총획 6획

이길 승

'이기다'라는 뜻이고, '승'이라고 읽어요.
'승자', '승리', '우승', '결승' 할 때 쓰는
한자예요.

힘을 다하면 경쟁에서 승리할 수 있다는 데서 '이기다'의
뜻을 나타내게 되었어요.

勝 勝 勝 勝 勝 勝 勝 勝 勝 勝 勝 勝   부수 力   총획 12획

式 자와 例 자를 배워요.

문제 푸는 **방식**을 예를 들어 설명해 보이는 것을 **보기**라고 하죠. **보기**는 예나 예시라고도 하는데, 우리가 문제를 쉽게 이해할 수 있도록 도와주는 역할을 해요.

사진을 보고 '방식'과 '예(보기)'를 나타내는 한자를 쓰는 순서에 맞게 따라 써 보세요.

법 식

[問 34~55] 다음 漢字의 訓과 音을 쓰세요.

보기
字 ➡ 글자 자

[34] 愛

[35] 樹

[36] 晝

[37] 死

[38] 朴

[39] 郡

例

[問 83~85] 다음 ( ) 안에 알맞은 漢字를 〈보기〉에서
찾아 그 번호를 쓰세요.

보기
① 朴   ② 親   ③ 子   ④ 孫
⑤ 苦   ⑥ 病   ⑦ 晝   ⑧ 朝

[83] 代代孫( ): 오래도록 이어져 내려오는 여러 세대.

태어나고 늙고 병들고 죽는
고통.

으로 쉬지 않고 계속하여.

漢字語를

[問 1~33] 다음 밑줄 친 漢字語의 讀音을 쓰세요.

보기
漢字 ➡ 한자

[1] 이 도서관은 도서의 성격에 따라 책꽂이를 효과
    적으로 區分해 놓았습니다.

[2] 우리나라는 정월 대보름이면 오곡밥을 지어 먹
    는 風習이 있습니다.

[3] 여기가 이 近方에서 제일 깔끔하고 넓습니다.

[4] 番號표를 뽑고 순서를 기다려 주세요.

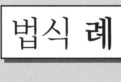

법식 례

式

법 식

> '법'은 법률이 아니라 일상생활에서 관습적으로 따르는 법도를 말해요.

'법', '방식', '의식'이라는 뜻이고, '식'이라고 읽어요.
'공식', '서식', '정식', '졸업식' 할 때 쓰는 한자예요.

장인이 물건을 만들 때 순서에 맞게 정해져 있는 일정한 법칙이나 방식에 따라 만드는 모습에서 '법', '방식'의 뜻을 나타내게 되었어요.

式 式 式 式 式 式

부수 弋　총획 6획

법식 례

낱말 맨 앞에 올 때는 '예'라고 말해요.

'법식', '규칙', '예(보기)'라는 뜻이고, '례'라고 읽어요.

'예외', '예식', '예시', '사례' 할 때 쓰는 한자예요.

일정한 규칙에 따라 차례로 줄지어 늘어선 사람들의 모습에서 '법식'의 뜻을 나타내게 되었어요.

例 例 例 例 例 例 例 例

부수 亻(人) 총획 8획

愛 자와 永 자를 배워요.

지금 우리의 우정과 **사랑**을 어른이 되어서도 **오래도록** 변치 말자고 친구들과 맹세했어요. 유비, 관우, 장비가 도원에서 의형제를 맺은 것처럼요.

사진을 보고 '**사랑하다**'와 '**오래다**'를 나타내는 한자를 쓰는 순서에 맞게 따라 써 보세요.

사랑 애

길 영

사랑 애

'사랑하다', '좋아하다'라는 뜻이고, '애'라고
읽어요.
'우애', '애착', '애용', '친애' 할 때 쓰는 한자예요.

먼저 손(爪)을 내밀고, 허물은 덮어주고(冖), 천천히 다가가는(夂)
마음(心)을 표현한 데서 '사랑'의 뜻을 나타내게 되었어요.

愛 愛 愛 愛 愛 愛 愛 愛 愛 愛 愛 愛 愛   부수 心   총획 13획

길 영

'길다', '오래다'라는 뜻이고, '영'이라고 읽어요.
'영구', '영원', '영생' 할 때 쓰는 한자예요.

강물이 합쳐지다 갈라지며 여러 갈래로 물이 길게 뻗어 흘러가는
물줄기의 모양을 본뜬 것에서 만들어진 글자예요.

永 永 永 永 永

부수 水　총획 5획

朴 자와 李 자를 배워요.

朴자는 '후박나무'를 표현한 글자이고,
李자는 '자두나무'를 표현한 글자였어요.
하지만 현재는 두 한자 모두 **성씨** 중 하나의
뜻으로 사용되고 있어요.

사진을 보고 '성씨'를 나타내는 한자를
쓰는 순서에 맞게 따라 써 보세요.

성씨 박

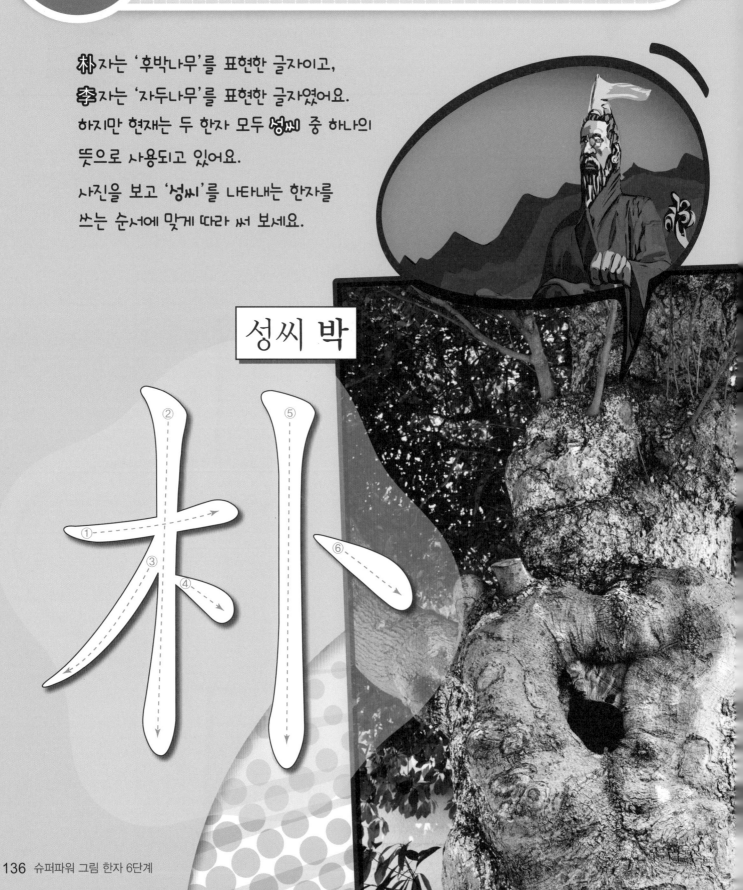

오얏/성씨 리

李

성씨 박

'박 씨', '순수하다'라는 뜻이고, '박'이라고
읽어요.
'박혁거세', '순박', '소박' 할 때 쓰는 한자예요.

거북의 등처럼 갈라진(卜) 후박나무(木)의 거칠고 울퉁불퉁한 모습을
본뜬 글자로, 그 모양이 자연 그대로의 모습과 닮았다고 하여 '순수하다'
의 뜻을 나타내게 되었어요.

朴 朴 朴 朴 朴 朴

부수 木 　 총획 6획

오얏/성씨 리

낱말 맨 앞에 올 때는 '이'라고 말해요.

'이 씨', '오얏(자두)'이라는 뜻이고, '리'라고 읽어요.
'이성계', '이순신', '이화(자두나무의 꽃)'
할 때 쓰는 한자예요.

과일이 별로 없던 시절 귀한 열매를 맺는 키 큰 나무의
모습에서 '자두'의 뜻을 나타내게 되었어요.

| 이름 | 이 정민 |
| 학번/반 | 1 - 3 |

李李李李李李李

부수 木   총획 7획

Day 25 京 자와 郡 자를 배워요.

우리나라 행정구역은 **수도**인 **서울**특별시와 세종특별자치시,

2개의 '특별자치도', 6개의 '광역시'와 7개의 '도'로 나뉘어요.

그리고 각 '도' 아래에는 '시' 또는 '**군**'이 있어요.

사진을 보고 '서울'과 '군'을 나타내는 한자를 쓰는 순서에 맞게 따라 써 보세요.

서울특별시

강원특별자치도

인천광역시

경기도

충청북도

세종특별자치시

충청남도

경상북도

칠곡군
김천시

대전광역시

대구광역시

전라북도

울산광역시

경상남도

광주광역시

부산광역시

전라남도

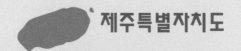

제주특별자치도

서울 경

고을 군

서울 경

'서울', '수도', '도읍'이라는 뜻이고,
'경'이라고 읽어요.
'귀경', '상경', '개경' 할 때 쓰는 한자예요.

높은 토대 위에 지은 큰 건물을 본뜬 글자로, 궁궐과 같은
큰 건물은 임금이 사는 도읍에서 볼 수 있다 해서 '서울'의
뜻을 나타내게 되었어요.

京 京 京 京 京 京 京 京

부수 亠 　 총획 8획

고을 군

'고을', '군(행정구역 단위)'이라는 뜻이고,
'군'이라고 읽어요.
'군청', '시군', '군민', '군립' 할 때 쓰는
한자예요.

군주(君)가 다스리는 고을(邑)이라는 데서 '군'의 뜻을
나타내게 되었어요.

郡 郡 郡 郡 郡 郡 郡 郡 郡 郡　　부수 阝(邑)　총획 10획

나는야 급수왕!

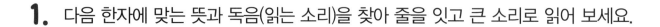

1. 다음 한자에 맞는 뜻과 독음(읽는 소리)을 찾아 줄을 잇고 큰 소리로 읽어 보세요.

① 朴 · · 성씨 · · 박

② 死 · · 법 · · 사

③ 式 · · 죽을 · · 식

2. 다음 그림을 보고 연상되는 한자의 뜻과 독음(읽는 소리)을 써 보세요.

①

‘**승**자’, ‘**승**리’, ‘우**승**’, ‘결**승**’ 할 때 쓰는 한자예요.

뜻   음

②

‘우**애**’, ‘**애**착’, ‘**애**용’, ‘친**애**’ 할 때 쓰는 한자예요.

뜻   음

3. 다음 설명에 맞는 낱말을 한자로 바르게 쓴 것을 고르세요.

보기

㉠ 市郡　　㉡ 郡立　　㉢ 上京　　㉣ 永生　　㉤ 永遠

❶ 지방에서 **서울**로 올라옴, **서울**로 감.

❷ 앞으로 **오래도록** 변함없이 계속됨.

❸ 행정 구역인 **군**에서 설립하여 관리 운영함.

4. 다음 밑줄 친 낱말의 독음(읽는 소리)을 보기에서 찾아 바르게 써 보세요.

보기

공식　　　예외　　　예문　　　사력　　　정식

❶ 그 누구도 이 문제에 관해서는 **例外**일 수는 없어요.

❷ 브레이킹이 올림픽 **定式** 종목으로 채택되었어요.

❸ 그는 쓰러져도 좋다는 각오로 **死力**을 다해 달렸어요.

5. 다음 밑줄 친 낱말의 한자를 보기에서 찾아 바르게 써 보세요.

보기

郡民   市郡   愛用   勝者   勝利

❶ 그는 연승 득점을 올리면서 <u>승리</u>의 주역이 되었어요.

❷ 이 물건은 전문가들이 많이 <u>애용</u>하는 제품이에요.

❸ 이 지역의 <u>군민</u>대회는 다른 시군보다 그 역사와 전통이 오래되었어요.

6. 다음 뜻과 음에 알맞게 한자를 완성하고 누락된 획은 몇 번째 쓰는 획인지 써 보세요.

❶ 例   총 8획 중   번째
법식 례

❷ 永   총 5획 중   번째
길 영

❸ 李   총 7획 중   번째
오얏/성씨 리

❹ 郡   총 10획 중   번째
고을 군

7. 다음 이야기를 읽고, 속담과 고사성어를 천천히 따라 써 보세요.

바다의 왕 고래들이 한 판 붙었어요. 옆을 지나던 새우가 고래들 싸움에 휘말려 고생을 하고 있네요. 이처럼 '고래 싸움에 새우 등 터진다'라는 속담은 강한 자들의 싸움에 휘말려 아무 상관도 없는 약자가 피해를 보게 되는 경우에 쓰는 비유적인 말이에요.

같은 뜻을 가진 고사성어로는 '고래 싸움에 새우가 죽는다'라는 뜻의 '경전하사(鯨戰蝦死)'라는 말이 있어요.

✏️ 속담 쓰기

고	래		싸	움	에		새	우	
등			터	진	다				

✏️ 고사성어 쓰기

鯨	戰	蝦	死
고래 **경**	싸움 **전**	새우 **하**	죽을 **사**

나는야 놀이왕!

우당탕! 우리 집

왁자지껄 정신없는 우리 집 강아지와 고양이를 소개할게요. 가로줄과 세로줄, 굵은 선으로 구분된 네 칸 안에 한 마리씩 겹치지 않게 한자와 뜻, 음이 있어야 해요.

크리스마스 이브

크리스마스 선물이 어느 집으로 갔는지 알아볼까요? 한자 아래 엉킨 선을 따라가 해당 한자가 쓰인 다양한 한자어를 알아보세요. 그리고 큰 소리로 읽어 보세요.

式 법식

死 죽을 사

永 길 영

郡 고을 군

勝 이길 승

愛 사랑 애

例 법식 례

勝利 승리
勝者 승자
勝算 승산

例題 예제
事例 사례
例外 예외

永生 영생
永遠 영원
永住 영주

郡民 군민
市郡 시군
郡立 군립

生死 생사
死力 사력
死別 사별

親愛 친애
愛國 애국
愛用 애용

公式 공식
形式 형식
書式 서식

한자 파워가 업그레이드 되는

슈퍼 부록

- ◻ 슈퍼 그림한자50 모아보기
  (한자능력검정시험 6급 75자 중 50자)
- ◻ 한자능력검정시험 대비 6급 문제지
- ◻ 정답

슈퍼 그림한자50 모아보기

본 책에 실린 한자 50자(한자능력검정시험 6급에 속하는 급수 한자 75자 중 50자)를 모두 모아, 찾아보기 쉽도록 가나다 순으로 정리했어요.

| 6級 | 90문항 | 50분 시험 | 시험일자: 20 . . . |

성명 _____ 수험번호 □□□□-□□-□□□□

*성명과 수험번호를 쓰고 문제지와 답안지는 함께 제출하세요.

[問 1–33] 다음 밑줄 친 漢字語의 讀音을 쓰세요.

보기
漢字 ➡ 한자

[1] 이 도서관은 도서의 성격에 따라 책꽂이를 효과적으로 **區分**해 놓았습니다.

[2] 우리나라는 정월 대보름이면 오곡밥을 지어 먹는 **風習**이 있습니다.

[3] 이 **近方**에서 여기가 제일 깔끔하고 넓습니다.

[4] **番號**표를 뽑고 순서를 기다려 주세요.

[5] 그녀는 자기 **分野**에서 최고의 전문가입니다.

[6] 언니는 미술에도 남다른 **頭角**을 나타냈습니다.

[7] 전국의 **氣溫**이 영하로 뚝 떨어졌습니다.

[8] 우리는 **永遠**불멸의 우정을 약속했습니다.

[9] 큰아버지는 귀농하여 **果樹**원을 하고 계십니다.

[10] 세계 여러 나라에서 **石油**를 대체할 새로운 에너지 개발에 박차를 가하고 있습니다.

[11] 현재로서는 그 어떤 **勝算**도 없어 보입니다.

[12] 대중 **交通**을 이용하면 **交通** 혼잡을 피해 제시간에 도착할 수 있습니다.

[13] 준이는 **野球** 선수가 꿈이고 혁수는 과학자가 꿈입니다.

[14] **銀行**마다 동전을 교환할 수 있는 요일과 시간대가 정해져 있습니다.

[15] 당신도 이 일에서 **例外**일 수 없습니다.

[16] 우리나라 사람들은 **南向**으로 지어진 집을 선호합니다.

[17] 지구에서 가장 넓은 **海洋**은 태평양입니다.

[18] 이 문제를 해결하기 위해서는 **根本**적인 대책이 필요합니다.

[19] 그녀의 결혼 **禮式**은 간소하게 진행됐습니다.

[20] 올림픽 선수단은 선수촌에서 **合同**훈련을 합니다.

[21] 그는 하루도 빠짐없이 노모께 **朝夕**으로 문안을 드립니다.

[22] 담임 선생님께서 **出席**을 부르는 것으로 하루의 수업이 시작됩니다.

[23] 문구점에서 **角度**기와 컴퍼스를 샀습니다.

[24] 할아버지는 **孫子**의 재롱에 함박웃음을 지으셨습니다.

[25] 그는 **直感**적으로 문제점을 알아차렸습니다.

[26] 친구와 전화하던 중에 갑자기 **通話**가 끊겨 버렸습니다.

[27] 지금의 이 기분을 그 어떤 말로도 **形言**할 수 없습니다.

[28] 최근에는 학생들이 직접 **級訓**을 정하는 경우가 많아졌습니다.

[29] 공인은 타인의 모범이 되는 **行動**을 해야 합니다.

[30] 그동안 정들었던 친구들과 **作別** 인사를 합니다.

〈계속〉

[31] **草綠**빛 바닷물에 두 손을 담그면…(동요).

[32] 친구가 입원한 병원에 **問病**을 다녀왔습니다.

[33] 우리 동네는 전철역까지 다니는 **路線** 버스가 없어 불편합니다.

[問 34-55] 다음 漢字의 訓과 音을 쓰세요.

보기
字 ➡ 글자 자

[34] 愛

[35] 樹

[36] 晝

[37] 死

[38] 朴

[39] 郡

[40] 例

[41] 禮

[42] 飮

[43] 式

[44] 食

[45] 親

[46] 利

[47] 李

[48] 向

[49] 別

[50] 校

[51] 交

[52] 京

[53] 行

[54] 夜

[55] 野

[問 56-75] 다음 밑줄 친 漢字語를 漢字로 쓰세요.

보기
한자 ➡ 漢字

[56] 그림에 쓰이는 **원근**법은 착시를 일으킵니다.

[57] **급행**열차가 방금 출발했습니다.

[58] **야외** 활동을 하기에는 아직 날씨가 춥습니다.

[59] 어제 다른 반과 **합반**하여 축구 시합을 했습니다.

[60] 사람의 눈이 **구별**하는 빛의 기본색은 빨강, 초록, 파랑입니다.

[61] 그녀의 의로운 행동은 많은 사람에게 깊은 **감동**을 주었습니다.

[62] 시험의 목적은 학생들의 **학습** 능력을 평가하는 데 있습니다.

[63] 그 사람은 품성이 **온화**하고 겸손해서 많은 사람이 좋아합니다.

〈계속〉

[64] 자외선 차단 크림을 꼼꼼히 발라 **태양** 광선으로
부터 피부를 보호해야 합니다.

[65] 푸른 잎이 무성한 나무를 **녹수**라고 합니다.

[66] 한낮의 **온도**가 30도를 웃도는 무더운 날씨가 이
어지고 있습니다.

[67] 노부부는 열 손가락으로 꼽기에 넘치는 **친손**과
외손을 두었습니다.

[68] 할아버지는 **병석**을 떨치고 일어나 건강을 회복
하셨습니다.

[69] 오늘 **조례**는 우천으로 강당에서 했습니다.

[70] 그는 연승 득점을 올리면서 **승리**의 주역이 되었
습니다.

[71] 무더운 여름에 **양복**을 차려입은 그는 연신 땀을
닦기에 바빴습니다.

[72] 그는 사시장철 **주야**로 쉴 새 없이 일만 했습니다.

[73] 아무리 음식을 빨리 만들어도 그의 먹는 **속도**를
당해 내지 못했습니다.

[74] 전교생이 운동장에 **집합**했습니다.

[75] 그들은 대화를 나누며 서로 깊은 **교감**을 나누었
습니다.

[問 76-78] 다음 漢字의 반대(또는 상대)되는 漢字를 골
라 그 번호를 쓰세요.

[76] 晝: ① 日　　② 夜　　③ 午　　④ 朝

[77] 合: ① 別　　② 放　　③ 開　　④ 社

[78] 近: ① 郡　　② 區　　③ 親　　④ 遠

[問 79-80] 다음 漢字와 뜻이 같거나 비슷한 漢字를
골라 그 번호를 쓰세요.

[79] 畫: ① 形　　② 線　　③ 圖　　④ 窓

[80] 別: ① 集　　② 合　　③ 分　　④ 會

[問 81-83] 다음 (　) 안에 들어 갈 알맞은 漢字를 〈보
기〉에서 찾아 그 번호를 쓰세요.

〈보기〉
① 朴　② 親　③ 子　④ 孫
⑤ 苦　⑥ 病　⑦ 晝　⑧ 朝

[81] **代代孫**(　): 오래도록 이어져 내려오는 여러 세대.

[82] **生老**(　)**死**: 사람이 태어나고 늙고 병들고 죽는
네 가지 고통.

[83] (　)**夜長川**: 낮과 밤으로 쉬지 않고 계속하여.

[問 84-85] 다음 중 소리(音)는 같으나 뜻(訓)이 다른
漢字를 골라 그 번호를 쓰세요.

[84] 交: ① 文　　② 教　　③ 共　　④ 六

[85] 根: ① 近　　② 速　　③ 活　　④ 道

〈계속〉

[問 86-87] 다음 漢字語의 뜻을 풀이하시오.

[86] 注油

[87] 上京

[問 88-90] 다음 漢字에서 짙게 표시한 획은 몇 번째 쓰는 획인지 〈보기〉에서 찾아 그 번호를 쓰세요.

┌─〈 보기 〉─┐
① 첫 번째　　② 두 번째　　③ 세 번째

④ 네 번째　　⑤ 다섯 번째　　⑥ 여섯 번째

⑦ 일곱 번째　⑧ 여덟 번째　⑨ 아홉 번째

⑩ 열 번째　　⑪ 열한 번째　⑫ 열두 번째

⑬ 열세 번째
└─────────┘

[88] 樹

[89] 銀

[90] 例

♣ 수고하셨습니다.

정답　QR코드를 스캔하여 문제의 정답을 확인하세요.

〈끝〉

수험번호	□□□ - □□ - □□□□□□	성명	□□□□□
생년월일	□□□□□□	※ 유성 싸인펜, 붉은색 필기구 사용 불가.	

※답안지는 컴퓨터로 처리되므로 구겨지거나 더럽혀지지 않도록 글씨를 칸 안에 또박또박 쓰십시오.
　글씨가 채점란으로 들어오면 오답처리가 됩니다.

한자능력검정시험 대비 6급 답안지(1)

번호	정답	채점란	번호	정답	채점란	번호	정답	채점란
1			15			29		
2			16			30		
3			17			31		
4			18			32		
5			19			33		
6			20			34		
7			21			35		
8			22			36		
9			23			37		
10			24			38		
11			25			39		
12			26			40		
13			27			41		
14			28			42		

위 표의 머리글: 답안란 / 채점란, 답안란 / 채점란, 답안란 / 채점란

감독위원	채점위원(1)	
(서명)	(득점)　(서명)	※뒷면으로 이어짐

한자능력검정시험 대비 6급 답안지(2)

번호	답안란 정답	채점란	번호	답안란 정답	채점란	번호	답안란 정답	채점란
43			59			75		
44			60			76		
45			61			77		
46			62			78		
47			63			79		
48			64			80		
49			65			81		
50			66			82		
51			67			83		
52			68			84		
53			69			85		
54			70			86		
55			71			87		
56			72			88		
57			73			89		
58			74			90		

나는야 급수왕! (32–34쪽)

1.

① 太 　　가르칠 —— 훈
② 番 　　차례 —— 번
③ 訓 　　클 —— 태

2. ① 뜻 등급 음 급　② 뜻 밤 음 야

3. ① ㄹ　　② ㄱ　　③ ㄷ

4. ① 번호　② 초록　③ 급훈

5.

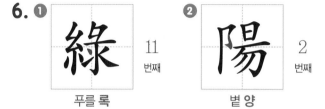

① 綠樹　② 太陽　③ 晝夜

6.

① 綠　11번째　푸를 록
② 陽　2번째　볕 양
③ 號　9번째　이름/부르짖을 호
④ 晝　4번째　낮 주

나는야 놀이왕! (36–37쪽)

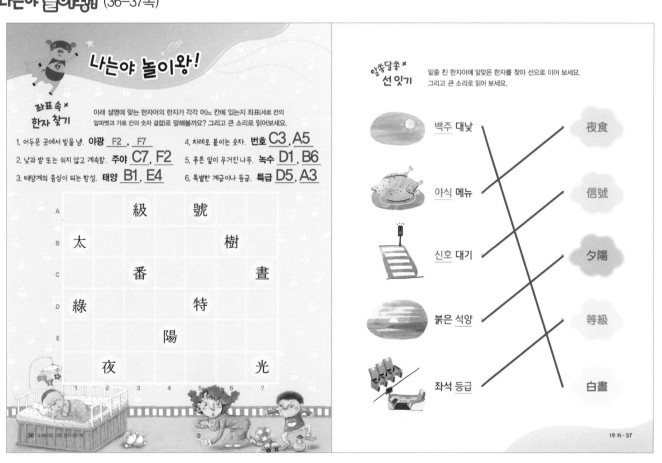

2주차

나는야 급수왕! (60–62쪽)

1.

① 溫 — 따뜻할 — 온
② 交 — 사귈 — 교
③ 遠 — 멀 — 원

2. ① 뜻 법도 음 도 ② 뜻 친할 음 친

3. ① ㄷ ② ㄱ ③ ㅁ

4. ① 교신 ② 공감 ③ 친근

5. ① 石油 ② 遠近 ③ 溫度

6.

① 油 6번째 기름 유
② 近 6번째 가까울 근

③ 感 9번째 느낄 감
④ 孫 9번째 손자 손

나는야 놀이왕! (64–65쪽)

나는야 급수왕! (88–90쪽)

1.
① 洋	예도	복
② 服	큰 바다	례
③ 禮	옷	양

(① 洋 — 큰 바다 — 양, ② 服 — 옷 — 복, ③ 禮 — 예도 — 례)

2. ① 뜻 병 음 병 ② 뜻 자리 음 석

3. ① ㅁ ② ㄱ ③ ㄷ

4. ① 조석 ② 실례 ③ 급행

5. ① 區間 ② 洋服 ③ 病席

6.
 ① 區 11 번째 — 구분할 구
 ② 別 4 번째 — 다를/나눌 별
 ③ 朝 7 번째 — 아침 조
 ④ 銀 10 번째 — 은 은

나는야 놀이왕! (92–93쪽)

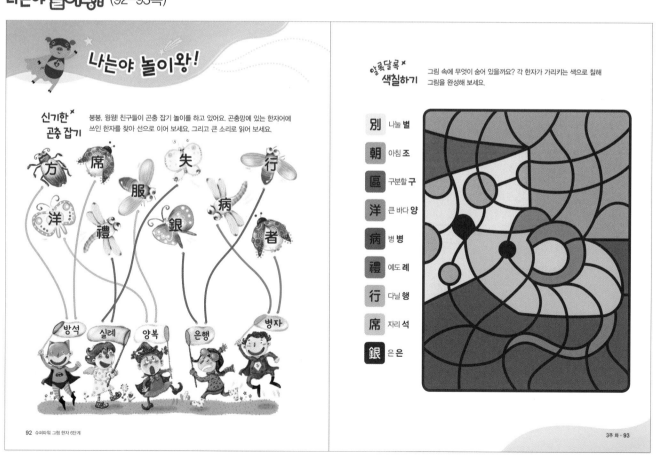

나는야 급수왕! (116–118쪽)

1.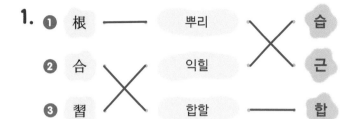

- ❶ 根 ── 뿌리
- ❷ 合 ✕ 익힐
- ❸ 習 ✕ 합할
- 習 (습)
- 根 (근)
- 合 (합)

2. ❶ 뜻 향할 음 향 ❷ 뜻 말씀 음 언

3. ❶ ㄱ ❷ ㅁ ❸ ㄹ

4. ❶ 풍습 ❷ 재야 ❸ 본분

5. ❶ 集合 ❷ 言行 ❸ 通行

6.

- ❶ 本 5번째 — 근본 본
- ❷ 頭 13번째 — 머리 두
- ❸ 畫 4번째 — 그림 화, 그을 획
- ❹ 野 5번째 — 들 야

나는야 놀이왕! (120–121쪽)

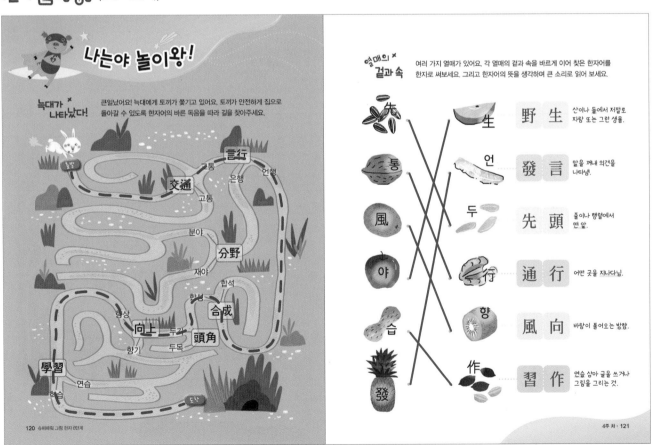

5주차

나는야 급수왕! (144-146쪽)

1. ① 朴 —— 성씨 —— 박
② 死 ✕ 법 ✕ 사
③ 式 죽을 식

2. ① 뜻 이길 음 승 ② 뜻 사랑 음 애

3. ① ㄷ   ② ㅁ   ③ ㄴ

4. ① 예외   ② 정식   ③ 사력

5. ① 勝利   ② 愛用   ③ 郡民

6.

① 例 6 번째 / 법식 례
② 永 3 번째 / 길 영
③ 李 7 번째 / 오얏/성씨 리
④ 郡 9 번째 / 고을 군

나는야 놀이왕! (148-149쪽)

글자 모양이 변하는 한자들

한자는 서체에 따라 글자 모양이 달라지기도 해요. 이런 자형의 변화에는 공통점이 있습니다.
이를 이해하면 서체로 인한 혼동을 줄일 수 있어요.

＊ 이해를 돕기 위한 참고 한자 ＊

示=礻	田=罒	糸=糹	艹=艹	辶=辶	角=角
祖(祖)	畫(畵)	綠(綠)	草(草)	近(近)	解(解)

하루 한 장 기적의 한자 학습, 초등 한자와 급수 한자를 한 번에

슈퍼파워 그림한자 6단계

초판 인쇄 2023년 10월 17일 | **초판 발행** 2023년 10월 23일

지은이 동양북스 교육콘텐츠연구회 | **발행인** 김태웅 | **책임편집** 양정화 | **디자인** syoung.k | **마케팅 총괄** 김철영 | **제작** 현대순

발행처 (주)동양북스 | **등록** 제 2014-000055호 | **주소** 서울시 마포구 동교로 22길 14 (04030)

구입 문의 전화 (02)337-1737, 팩스 (02)334-6624 | **내용 문의** 전화 (02)337-1763, dybooks2@gmail.com

ISBN 979-11-5768-968-2 63710